Richard P. Moore
Entwurzelt
Aktuelle christliche Irrtümer

AF288003

Richard P. Moore

ENTWURZELT
Aktuelle christliche Irrtümer

Theologische Kennzeichen der „Wort des
Glaubens"-Bewegung, der „Dritten Welle" und
der „Neuen Apostolischen Reformation"

Richard P. Moore
Entwurzelt
Aktuelle christliche Irrtümer

Best.-Nr. 271108
ISBN 978-3-86353-108-9
Christliche Verlagsgesellschaft Dillenburg

Titel des amerikanischen Originals:
Divergent Theology:
*An Inquiry into the Theological Characteristics of The Word of Faith,
Third Wave Movement & The New Apostolic Reformation*
Copyright © 2017 R. P. Moore
Published by arrangement with the Author

Wenn nicht anders angegeben, wurde folgende Bibelübersetzung verwendet:
Elberfelder Bibel 2006, © 2006 by SCM R.Brockhaus in der
SCM Verlagsgruppe GmbH Witten/Holzgerlingen.

2. Auflage 2024
© 2020 Christliche Verlagsgesellschaft Dillenburg
www.cv-dillenburg.de

Übersetzung: Micha Wilken
Satz und Umschlaggestaltung: Christliche Verlagsgesellschaft Dillenburg
Umschlagmotiv: © freepik.com

Druck: CPI Books GmbH, Leck
Printed in Germany

Wenn Sie Rechtschreib- oder Zeichensetzungsfehler entdeckt haben,
können Sie uns gern kontaktieren: info@cv-dillenburg.de

„Richard Moore hat der Kirche einen großen Dienst erwiesen, indem er die Lehren von ‚Wort des Glaubens‘, der ‚Dritten Welle‘ und der ‚Neuen Apostolischen Reformation‘ untersucht hat. Ich hoffe, dass viele seinen Warnungen Beachtung schenken und sich ernsthaft damit auseinandersetzen, ob diese Bewegungen von der gesunden Lehre theologischer Orthodoxie abgewichen sind, und sich vergewissern, dass ihr Eifer für Christus von der Wahrheit und nicht einem Geist des Irrtums angetrieben wird.“

Holly Pivec
Autorin von *New Apostolic Reformation?: A Biblical Response to a Worldwide Movement* und Blogger (www.spiritoferror.org)

...

„Richard Moores Buch *Entwurzelte Theologie* hat meine Augen mehr und mehr für ein ernstes Problem geöffnet, welches die unmittelbare Zukunft der christlichen Lehre betrifft. Ich bin mir sicher, dass dieses Buch auch für diejenigen eine Denkschrift sein wird, die noch nicht über diese neuen Bewegungen informiert sind, die hier besprochen werden.“

Professor Dr. Lothar Käser
Universität Freiburg (im Ruhestand). Anthrologe/Ethnologe und Autor von *Animismus Einführung in seine begrifflichen Grundlagen*

„Richard Moore hat etwas entdeckt, was die sorgfältige Beachtung der gesamten evangelikalen Kirche verdient. Dieses Buch deckt eine Bewegung auf, die nicht leicht zu erkennen ist. Es wäre allen Gemeindeleitern von Nutzen, sich über die theologischen Auswirkungen zu informieren, damit sie ihre Herde gut hüten können."

Dr. Andre Rogers
Professor für Gemeindearbeit, Columbia International University

...

„Richard Moore hat eine große lehrmäßige Abweichung von der Bibel erkannt und gründlich dargestellt. Er hat gut recherchiert und dieses wichtige Werk geschrieben, um vor den Auswirkungen für die zeitgenössischen evangelikalen Kirchen zu warnen."

Dr. Daniel E. Woodhead
Präsident Scofield Biblical Institute und Autor von *The Book of Zechariah: God Remembers Israel's Future*

...

„Richard Moore meistert die schwierige Aufgabe, zwischen feinen theologischen Nuancen im postmodernen Denken zu unterscheiden, die das biblische Verständnis von Themen beeinflussen, welche in unsere Gemeinden eindringen. Wir sollten ihm zuhören, um theologische Fehlentwicklungen zu vermeiden, die verheerende Auswirkungen auf unser geistliches und biblisches Verständnis haben."

Professor Dr. Klaus W. Müller
Freie Theologische Hochschule, Gießen, (im Ruhestand), Missiologe und Autor von *Das Gewissen in Kultur und Religion*

Inhaltsverzeichnis

Widmung

*Dieses Buch ist Ana Katharina Müller Moore gewidmet,
unserer Tochter, die auf eine erstaunliche
und ausgezeichnete Weise gemacht ist.
Ich bezeuge die Wahrheit Christi für dich,
damit die Menschen Gott ehren,
für das, was sie in dir sehen.*

Danksagung

Ich möchte allen danken, die an diesem Projekt mitgewirkt haben. Vor allem meiner Frau, Simone Müller-Moore, die mich in meiner Leidenschaft und Hingabe an Christus während dieses Projekts ermutigt hat. Außerdem möchte ich meinen Kollegen von *Teach-Beyond* danken, die mir mit viel Weisheit bezüglich der Akzeptanz dieses Buches in Deutschland zur Seite standen. Benjamin Rudolph, Björn Wagner und Curtis Coston, vielen Dank für eure Gedanken. Dank gebührt auch meinen Eltern, Lt. Colonel E. Ray und Gail Moore, die dieses Werk als wichtigen Beitrag zur evangelikalen Landschaft gefördert haben. Ich möchte meinem Schwiegervater Prof. Dr. W. Klaus Müller für seine kritische Lektüre danken sowie für seine Ermutigung, dieses Buch auf Deutsch übersetzen und veröffentlichen zu lassen. Mein Dank gilt auch meiner Schwester Dorothy Moore, die viele Bearbeitungen und Beiträge beigesteuert hat. Des Weiteren möchte ich unserer Gemeindefamilie, Creekside Community Church, meinen Dank ausdrücken. Mein Dank gilt Pastor John Bruce und insbesondere Pastor Jeff Bruce, die viel Hilfreiches bezüglich der christologischen Elemente in diesem Buch beigetragen haben.

Vor allem herzlichen Dank an Micha Wilken für die Übersetzung; er ist ein langjähriger Freund und Partner in der Verkündigung des Evangeliums.

Und schließlich wurde dieses Buch zur Ehre Christi geschrieben. Er hat mir Einsicht geschenkt und mich dazu geführt, dieses Buch zu schreiben, um seine Gemeinde vor einem Geist des Irrtums zu warnen.

Zur deutschen Ausgabe

Vor Ihnen liegt ein Buch, das sich kritisch mit einer weltweit rasant wachsenden Bewegung auseinandersetzt, die man als *Neue Apostolische Reformation* bezeichnen kann. Diese in Deutschland noch relativ unbekannte Bewegung ist aus den drei Wellen der Pfingstbewegung erwachsen und betont besonders die phänomenalen Wirkungen des Heiligen Geistes wie Glaubensheilung, Prophetie und apostolisches Amt.

In diesem Buch wird immer wieder auf folgende Bewegungen Bezug genommen:

Die **Dritte Welle** (**DW**): Die Geschichte der Pfingst- und Charismatischen Bewegung kann man nach C. P. Wagner in drei Wellen einteilen: Die erste Welle war die *Pfingstbewegung*, die 1906 in Kalifornien entstanden ist, als zweite Welle wird die *Charismatische Bewegung* bezeichnet, die etwa 50 Jahre später entstanden ist. Als **Dritte Welle** wird die *Neocharismatische Bewegung* bezeichnet, die Anfang der 1980er-Jahre entstand und – weniger dogmatisch als die Pfingstbewegung mit ihrer Betonung der Geistestaufe – großen Einfluss auch im nichtcharismatischen Bereich hatte.

Die **„Wort des Glaubens"-Bewegung** (**WDG**) betont die Macht des gesprochenen Wortes und seine übernatürlichen Wirkungen. Dies wirkt sich nach dieser Lehre besonders im Bereich von körperlicher Heilung und Wohlstand aus.

Die **Neue Apostolische Reformation** (**NAR**) ist eine Sammelbezeichnung für eine rasant wachsende weltweite Bewegung, die glaubt, dass Gott in unserer Zeit die verlorengegangenen Ämter des

Propheten und Apostels wiederherstellt. Die Auseinandersetzung mit der NAR stellt den Schwerpunkt dieses Buches dar.

Unser Autor hat sich aus persönlicher Betroffenheit (er hat eine Tochter mit Downsyndrom) mit diesen Bewegungen auseinandersetzen müssen und kommt zu dem Schluss, dass besonders die **NAR** in wesentlichen Punkten „von der Wahrheit abgeirrt" ist (nach 2Tim 2,18). Um das nachzuweisen, setzt er sich intensiv mit den Lehren und Praktiken dieser Bewegung auseinander. Vieles entspricht nicht der gesunden biblischen Lehre und widerspricht den altkirchlichen Bekenntnissen, besonders was die Trinitätslehre und die Christologie betrifft. Die *Rechtgläubigkeit* oder die gesunde biblische Lehre – der Autor verwendet dafür den im englischen Sprachraum gebräuchlichen Begriff *Orthodoxie* bzw. *orthodox* – ist in Gefahr, wenn man abweichende Lehren (oder **Häresien**) zulässt und übernimmt.

Wir verwenden die Begriffe *Rechtgläubigkeit* und *Orthodoxie* in diesem Buch synonym.

Der Verlag

Häufig verwendete Abkürzungen:

NAR – Neue Apostolische Reformation
WDG – „Wort des Glaubens"-Bewegung
DW – „Dritte Welle"-Bewegung

Einleitung

Dies sind verstreute Lichtstrahlen; du bist die helle Sonne.
Dies sind flache Rinnsale; du bist der Ozean.
Dies sind nur Schatten und du bist die Realität.
Wir sind durstig, wir sind ausgetrocknet, nur du vermagst
den Durst zu stillen. Du bist der Ozean.
Matt Papa (zeitgenössischer christlicher Musiker)

Vielleicht sind Sie sehnsüchtig und durstig nach mehr in Ihrem christlichen Leben. Vielleicht haben Sie sich aus solch einem Verlangen heraus dazu entschieden, dieses Buch zu lesen. Vielleicht haben Sie, genau wie ich, nach einer tieferen und leidenschaftlicheren Beziehung zu Gott gesucht. Vielleicht haben Sie in den vielen neuen Bewegungen gefunden, wonach Sie sich sehnten. Vielleicht haben Sie von einigen dieser neuen Bewegungen gehört, die ich in diesem Buch anspreche, möglicherweise aber auch noch nie. Dieses Buch ist für Sie geschrieben, wenn Sie an vielen Stellen nach etwas Neuem gesucht haben. Dieses Buch ist aber auch genauso für Sie interessant, wenn Sie mit ihrem Leben mit Christus zufrieden sind und vielleicht gar nicht wissen, dass Sie auf der Stelle treten.

Auf jeden Fall, so vermute ich zumindest, haben Sie sich entschlossen, dieses Buch zu lesen, weil Sie Jesus Christus, sein Wort und seine Wahrheit lieben. Es ist meine tiefe Hoffnung, dass dieses Buch Ihre Leidenschaft für ihn, seine Wahrheit und sein Wort stärkt. Wenn wir die Wahrheit Gottes in Christus hören, wird das unseren

Eifer für Christus fördern und bestärken. Wenn unser Verstand das Wesen und den Willen Gottes erkennt, wird unsere Leidenschaft für ihn entflammt. Es ist allerdings auch möglich, eine reine Verstandestheologie zu betreiben, ohne dass ihre Wahrheiten unsere Seelen durchdringen. Daher ist es mein Gebet und meine Hoffnung, dass die beschriebenen Wahrheiten beim Lesen Ihren Verstand erfassen und Ihre Seele durchdringen. Die Wahrheit muss erst von unserem Verstand erfasst werden, bevor unsere Seele davon ergriffen wird. Meine persönliche Erfahrung ist, dass jedes Mal, wenn meine Seele von einer Wahrheit Gottes durchdrungen wurde, diese Wahrheit zuvor meinen Verstand erfasste. Es ist meine Hoffnung, dass Sie von einer Leidenschaft für Christus gepackt werden, wenn Sie die Schönheit der gesunden biblischen Lehre entdecken. Es geht um die biblische Wahrheit, die ich als *theologische Orthodoxie* bezeichne. Orthodoxie steht hier für die wahre christliche Lehre im Gegensatz zum theologischen Irrtum.[1] Ich hoffe, dass Sie diese neu entdeckte Theologie der gesunden Lehre mit Ihren Erfahrungen mit den unterschiedlichen aktuellen christlichen Bewegungen vergleichen werden.

Wenn Sie tiefer graben wollen oder Sehnsucht nach mehr haben, dann bitte ich Sie, dieses Buch bis zum Ende zu lesen. Ich habe mich bemüht, die Wahrheit über Christus und die Wahrheit des Wortes Gottes auf diese neuen Bewegungen der modernen Christenheit anzuwenden. Ich möchte Sie einladen, mit mir zu prüfen, ob es tatsächlich möglich ist, dass diese Theologien von der Wahrheit „abgeirrt" oder „abgewichen" sind, so wie Paulus es in 2. Timotheus 2,17-18 beschreibt. Aufgrund dieser Bibelstelle habe ich für den englischen Originaltitel dieses Buches *Divergent Theology* gewählt. Divergent bedeutet andersartig oder abweichend. Meine Frage ist: *Gibt es heutzutage so etwas wie eine Theologie, die von der gesunden*

---

1   Der Begriff orthodox wird häufig konfessionell verstanden, im Sinne der vorreformatorischen byzantinisch-orthodoxen Kirchen. Im englischsprachigen Raum hat der Begriff die Bedeutung von konservativ, nah am Wort Gottes.

biblischen Lehre, von der orthodoxen Theologie abgewichen ist? Wir alle sehnen uns nach mehr; danach, Christus auf radikale Weise zu gehorchen und von etwas Ewigem berührt zu werden. Es ist meine Hoffnung, dass Sie berührt und gestärkt werden oder zum ersten Mal die ewige Hoffnung sehen, die wir in Christus haben.

Ich selbst wurde durch meine Recherche und das Schreiben dieses Buch stark berührt und gestärkt. Mein Glaube an und meine Liebe zu Christus wurden dadurch ebenso vertieft wie mein Glaube an seine Macht und Autorität über alles – alles, was den Menschen bekannt und auch unbekannt ist. Es ist mein Gebet, dass auch Sie erneut oder zum ersten Mal von der Kraft, Güte und rettenden Gnade des einzig wahren Retters berührt werden: Jesus Christus. Ich lade Sie ein, sich mit mir auf Entdeckungsreise zu begeben, um herauszufinden, ob es überhaupt so etwas wie eine abweichende Theologie gibt und wie das Wort Gottes uns dabei hilft, eine solche Abweichung zu erkennen. Es ist, wie Matt Papa in seinem wunderbaren Lied *The Ocean* singt: „Dies sind verstreute Lichtstrahlen; du bist die helle Sonne. Dies sind flache Rinnsale; du bist der Ozean. Dies sind nur Schatten und du bist die Realität. Wir sind durstig, wir sind ausgetrocknet, nur du vermagst unseren Durst zu stillen. Du bist der Ozean." Alles, was wir in dieser Welt kennen, ist wie ein Schatten. Ich hoffe, *Entwurzelt* wird Ihnen helfen, die Realität zu erkennen.

Damit Sie meinen Hintergrund besser einschätzen können, möchte ich Ihnen kurz meine Theologie und mein Bibelverständnis erklären. Ich glaube an die Unfehlbarkeit der Bibel, wie sie beispielsweise in der „Chicago-Erklärung zur Irrtumslosigkeit der Bibel" von 1978 beschrieben wird.

Millard Erickson definiert z. B. Unfehlbarkeit auf folgende, einfache Weise:

„Die Bibel ist in allem, was sie sagt, vollkommen wahr, wenn man sie korrekt auslegt im Hinblick auf den Entwicklungsstand der Kultur und der Kommunikationsmittel ihrer Entstehungszeit, und wenn man dabei außerdem den Zweck im Blick behält, zu dem sie uns gegeben wurde."[2]

2. Timotheus 3,16-17 gibt uns eine gute Grundlage für das Selbstverständnis und die richtige Anwendung der Schrift: „Alle Schrift ist von Gott eingegeben und nützlich zur Lehre, zur Überführung, zur Zurechtweisung, zur Unterweisung in der Gerechtigkeit, damit der Mensch Gottes richtig sei, für jedes gute Werk ausgerüstet."[3] Um der theologischen Klarheit willen sei gesagt, dass ich von der Reformierten Bewegung beeinflusst bin. Ich halte mich auch an all die alten Glaubensbekenntnisse der frühen Kirche, die ich in diesem Buch erwähnen werde.[4] Dies sind jedoch theologische Systeme, die von Menschen geschaffen wurden und in mancherlei Hinsicht begrenzt sind. Aber sie versuchen, das Wort Gottes zu systematisieren und uns klarer verständlich zu machen. Das ist auch in vielerlei Hinsicht gelungen, weil die Männer, die daran gearbeitet haben, brillant waren, mit einer gottgegebenen Fähigkeit ausgerüstet, diese Systematiken zu entwerfen.

Das sind die Überzeugungen, die mich beeinflusst haben. Wenn Sie mehr über meine genauen Glaubensstandpunkte erfahren möchten, können Sie diese in meinem Blog nachlesen.[5]

---

2   Erickson, Millard J., Christian Theology, Volume 1. (Grand Rapids: Baker Book House, 1984), S. 233-234

3   2Tim 3,16-17

4   Das alles gehört zur gesunden biblischen Lehre, die ich „Orthodoxie" nenne.

5   Richard Moore Blogspot (abgerufen am 10. April 2016), http://richardpmoo-re.blogspot.de/2015/12/here-i-stand-i-can-do-no-other-so-help.html

Rechtgläubig oder nicht

Ich will mich nicht rühmen, nicht einmal meiner
Orthodoxie, denn selbst diese kann eine Falle sein, wenn ich
einen Gott aus ihr mache ... Erfreuen wir uns an ihm, in all
seiner Fülle und an ihm allein.
D. Martin Lloyd-Jones

Wie Martyn Lloyd-Jones sagt, sollten wir uns nicht unserer Orthodoxie – unserer Rechtgläubigkeit – rühmen, da diese leicht zu einem Götzen oder zu reinem Selbstzweck werden kann. Allein die richtigen Dinge über Gott zu glauben macht uns nicht gerecht vor Gott. Jesus hat uns am Kreuz gerecht vor Gott gemacht, und diese Gerechtigkeit wird uns durch Glauben zuteil. Außerdem müssen wir darauf achten, dass Erkenntnis uns nicht aufbläht. Paulus erklärt in 1. Korinther 8,1: „Was aber das Götzenopferfleisch betrifft, so wissen wir, dass wir alle Erkenntnis haben. Die Erkenntnis bläht auf, die Liebe aber erbaut." Dabei trifft Paulus diese Aussage nicht zuerst im Zusammenhang mit Theologie und Lehre, sondern mit der praktischen Erkenntnis, dass Speisen, die Götzen geopfert wurden, keine wirkliche Macht haben. Es ist aber auch nicht abwegig, diese Aussage auf alles Wissen über Gott auszudehnen. Wir müssen daher sehr darauf bedacht sein, dass unsere Rechtgläubigkeit mit einer liebenden Haltung einhergeht.

Aber was bedeutet Orthodoxie eigentlich? Das griechische Wort Orthodoxie setzt sich aus den beiden griechischen Worten „richtig" und „Ehre" zusammen. Zur Orthodoxie gehören jene Lehren, die Gott ehren, indem sie ihn biblisch zutreffend beschreiben. Orthodox, d. h. rechtgläubig, zu sein bedeutet hier ursprünglich, so nah wie möglich an der Quelle sein. Wenn wir unsere Theologie beispielsweise an den Glaubensbekenntnissen der frühen Kirche ausrichten, dann können wir gewiss sein, auf einem Fundament zu stehen, welches sich über Jahrhunderte bewährt hat. Diese sind aus einem Ringen um die großen Fragen des christlichen Glaubens entstanden: z. B. um die Dreieinheit Gottes oder das Wesen Jesu. Die aus diesem Ringen auf den frühen Konzilen erwachsenen Bekenntnisse, z. B. das *Apostolische Glaubensbekenntnis*, wurden von allen Christen zu allen Zeiten als wahr anerkannt, auch wenn sie nicht Teil der Bibel sind. Sie behandeln aber wesentliche Fragen, die im Laufe der Geschichte zentral wurden: Wie ist das Verhältnis von Vater, Sohn und Heiligem Geist? Was ist das Wesen Jesu: Ist er Gott oder Mensch? Die altkirchlichen Glaubensbekenntnisse versuchen hier, eine Antwort im Sinn der Bibel zu geben. Sie tragen all die biblischen Aussagen dazu zusammen und geben uns eine Verständnishilfe gemäß der biblischen Wahrheit. Sie sind nicht Teil der Schrift, aber sie helfen uns, wichtige Fragen der Schrift entsprechend zu beantworten. Dies ist nicht mit der „Tradition" der katholischen Kirche vergleichbar, die weit über die Schrift hinausgeht. Die altkirchlichen Bekenntnisse bringen unterschiedliche Aspekte der Schrift so zusammen, dass wir sie richtig verstehen können.

i   Zur Orthodoxie gehören jene Lehren, die Gott ehren, indem sie ihn biblisch zutreffend beschreiben.

Ein recht wichtiger Aspekt christlicher Rechtgläubigkeit ist die Tatsache, dass sie beansprucht, die einzige Interpretation des christlichen Glaubens zu sein, die absolut wahr ist und die allein den Weg zu Gott aufzeigt (Joh 14,6; Apg 4,12; Joh 3,36; 1 Tim 2,5). Die christliche, theologische Orthodoxie repräsentiert die Botschaft, Identität und Mission der Kirche über die Jahrtausende hinweg. Sie beschreibt den Kern des Evangeliums. Sie ändert sich nicht im Wandel der Zeiten, mit den Launen der Philosophie oder den wechselnden Schatten der Zeit. Die Zeitlosigkeit und das unveränderliche Wesen der Orthodoxie – der Rechtgläubigkeit – entsprechen der Aussage von Jakobus über unseren ewigen Gott, „bei dem keine Veränderung ist noch eines Wechsels Schatten" (Jak 1,17). Bei der Einheitlichkeit christlicher Orthodoxie geht es nicht darum, recht oder unrecht zu haben. Die Rechtgläubigkeit befähigte Christen über die Jahrhunderte hinweg zu einem zuverlässigen, gleichbleibenden und wahren Zeugnis über das Evangelium des „Lammes Gottes, das die Sünde der Welt wegnimmt" (Joh 1,29).

Ich habe die Grafik auf dem Einband aus einem bestimmten Grund ausgewählt. Der Baum steht für die christliche Orthodoxie: die wahre christliche Lehre, die Christen zu allen Zeiten und an allen Orten geglaubt haben. Wir finden sie z. B. in den alten Glaubensbekenntnissen der Kirche. Diese wahre Lehre wurzelt in der Bibel. Wenn sich jedoch Lehren von der Wahrheit der Bibel lösen, entsteht entwurzelte und abweichende Theologie. Ich setze mich in diesem Buch mit einer Bewegung auseinander, die, wie ich glaube, diese Grundlage verlässt. Dieser Baum christlicher Rechtgläubigkeit ist ein wertvoller Schatz. Er gibt uns einen Rahmen für die Auslegung der Heiligen Schrift im Lauf tausender Jahre christlicher Geschichte – ein festes Gerüst für unser Verständnis der biblischen Lehre. Außerdem untermauert diese Lehre unseren Glauben. Es ist nicht leicht, das Evangelium zu verstehen, wenn wir es losgelöst von unserem Erbe orthodoxer Grundlagen betrachten. Ich werde in diesem Buch viel Zeit investieren, um einen ganz bestimmten Grund aufzuzeigen, weshalb Rechtgläubigkeit so wichtig ist: Sie ist ein Schutz gegen theologische Irrtümer – gegen Häresien.

Warum ist Rechtgläubigkeit so maßgeblich und unverzichtbar für das Christentum? Weil der Glaube des einzelnen Christen und die Lehre dahinter auf dem Spiel stehen. Der Streit zwischen Häresie und Orthodoxie wurde immer wieder dahingehend missbraucht, eine Atmosphäre von Intoleranz, Verfolgung oder Hass zu schüren. Deshalb schrecken viele vor solchen Begriffen und solchem theologischem Jargon zurück. Dies sollte uns jedoch nicht von einem rechtgläubigen, bibelgemäßen Christentum abschrecken, denn das Leben und der Glaube des Christentums sind in Gefahr. Wenn orthodoxe Glaubensinhalte – d. h. gesunde Lehre – mit einer liebenden Haltung verbunden sind, gründet sich das Leben des einzelnen Christen und der Kirchen auf dem richtigen Fundament, und zwar dem Glauben an den wahren Retter, Jesus von Nazareth, dem Herrn der ganzen Schöpfung.

Ein Hinweis darauf, dass rechtgläubige christliche Theologie nach wie vor wichtig ist, sehen wir in der Tatsache, dass Häresien und falsche Lehren über Christus bis heute weiter bestehen. Orthodoxie ist keine Marotte oder Laune von einigen wütenden Theologen auf großen Konzilen, sondern bis heute überlebensnotwendig für die Gemeinde Jesu. Dieselben theologischen Irrlehren treten oft in verschiedenen Zeiten und in ganz unterschiedlichen Kulturen auf. Diese falschen Darstellungen der Person und des Werkes von Jesus Christus keimten immer wieder auf, von der Zeit der ersten Konzile bis etwa 1600 n. Chr.

In der Zeit der Reformation haben besonders die 5 Soli klärend gewirkt:

Sola Fide (allein der Glaube)
Sola Scriptura (allein die Schrift)
Solus Christus (allein Christus)
Sola Gratia (allein die Gnade)
Soli Deo Gloria (Gott allein gehört die Ehre)

Sie dienten als Korrektur der Irrlehren in der damaligen Kirche und waren ein Ruf zurück zur reinen biblischen Lehre – zum rechtgläubigen Verständnis der Schrift. Es sind anerkannte, evangelische Glaubensbekenntnisse, die auch vor neuen Irrlehren bewahren.

Denn Häresien sind nicht nach der Reformation von der Bildfläche verschwunden. Auch heute tauchen sie noch auf unterschiedliche Art und Weise auf. Die alten Konzile haben die Orthodoxie mit ihren Glaubensbekenntnissen und Aussagen aus folgendem Grund so klar definiert: weil die Botschaft von Jesus Christus der Grundpfeiler des christlichen Glaubens ist. Ohne den richtigen Glauben und die Erkenntnis der Person und des Werkes von Jesus Christus wird das Christentum auf die Ebene jeder anderen Weltreligion herabgesetzt, die auf den Werken der Gläubigen basiert (d. h. der Gläubige versucht selbst, Gerechtigkeit vor Gott zu erlangen).

Rechtgläubigkeit kann wie ein unüberwindbares Problem für Pastoren, Theologen und den durchschnittlichen Christen erscheinen. Vielleicht stellt sich Ihnen die Frage, inwieweit das etwas mit Ihrem Alltag zu tun hat. Inwieweit betrifft es mein Leben als Christ? Ob uns das bewusst ist oder nicht: Bei der Frage nach der Orthodoxie – nach der gesunden und richtigen Lehre – geht es um die Grundlage, wie wir unser christliches Leben gestalten. Theologische Orthodoxie ist nicht erdrückend und keinesfalls veraltet. Im Gegenteil, ich möchte behaupten, dass sie hilfreich ist. Wenn wir die Glaubensbekenntnisse der alten Kirche wiederentdecken und sie auf uns beziehen, wird unser Verstand erleuchtet. Plötzlich wird die gesunde Lehre der Bibel verständlich. Oft wird angenommen, dass christliche Rechtgläubigkeit aus einer erdrückend langen Liste von Lehren besteht, die dazu gebraucht werden, Menschen zu unterdrücken. Allerdings lehrt uns die Geschichte etwas anderes. Wer die altkirchlichen Glaubensbekenntnisse liest, wird feststellen, dass sich christliche Orthodoxie oft in großartigen, präzisen und wunderschön verfassten, kurzen Glaubenssätzen ausgedrückt. Diese Glaubenssätze beschreiben die Heilige Dreieinheit, die Errettung, welche uns in Jesus Christus angeboten wird, seine Person und die Bedeutung des ewigen Evangeliums. Das wahre, immerwährende Evangelium der Gnade besitzt die Kraft zur Veränderung. Dagegen kann das falsche Evangelium als zerstörerische Waffe eingesetzt werden.

Das Apostolische Glaubensbekenntnis
aus dem 5. Jahrhundert[6]

Ich glaube an Gott,
den Vater, den Allmächtigen,
den Schöpfer des Himmels und der Erde.

Und an Jesus Christus,
seinen eingeborenen Sohn, unsern Herrn,
empfangen durch den Heiligen Geist,
geboren von der Jungfrau Maria,
gelitten unter Pontius Pilatus,
gekreuzigt, gestorben und begraben,
hinabgestiegen in das Reich des Todes,
am dritten Tage auferstanden von den Toten,
aufgefahren in den Himmel;
er sitzt zur Rechten Gottes,
des allmächtigen Vaters;
von dort wird er kommen,
zu richten die Lebenden und die Toten.

Ich glaube an den Heiligen Geist,
die heilige christliche Kirche,
Gemeinschaft der Heiligen,
Vergebung der Sünden,
Auferstehung der Toten
und das ewige Leben. Amen.

---

6   Das *Apostolische Glaubensbekenntnis* ist eine einfache Zusammenfassung des christlichen Glaubens. Es ist wahrscheinlich in Gallien im 5. Jahrhundert entstanden. Vorformen sind das Urbekenntnis „Jesus ist Herr" und das dreigliedrige Bekenntnis des Vaters, des Sohnes und des Heiligen Geistes, die bereits im Neuen Testament zu finden sind. Es wird von Ambrosius von Mailand Ende des 4. Jahrhunderts zuerst als „Apostolisches Glaubensbekenntnis" bezeichnet, nicht weil es von den Aposteln stammt, sondern weil diese Glaubensinhalte von Anfang an von der christlichen Kirche gelehrt wurden. Das *Apostolikum* wurde seit der ursprünglichen Formulierung mehrfach stilistisch überarbeitet und an den Sprachgebrauch angepasst.

Das Christentum hat mehr häretische Lehren hervorgebracht als jede andere Religion. Warum ist das so? Wie bereits erwähnt, beansprucht das Christentum, die einzig wahre Religion zu sein. Aber viele von ihm verkündete Wahrheiten können zutiefst geheimnisvoll sein. Darüber hinaus hat das Christentum zwei mächtige Feinde: die Welt und den Teufel. Beide versuchen von Anfang an, die Kirche zu beeinflussen und von der Wahrheit abzubringen – vor allem von der Wahrheit über Jesus Christus, der von sich sagt, dass er der einzige Weg zu Gott ist. Wenn Sie der Gegenspieler Gottes wären, welche Taktik würden Sie verfolgen? Würden Sie es den Menschen nicht so schwer wie möglich machen zu verstehen, wie sie eine Beziehung zu Gott haben können? Wenn falsche Lehren auftauchen, verunsichert das Christen. Durch falsche Theologien kann der Feind Menschen darüber verwirren, wie sie vor Gott gerecht werden können.

Auch die Welt hat großen Einfluss auf falsche Lehren der Kirche gehabt. Die Ideen und Philosophien der Menschen haben im Lauf der Kirchengeschichte viel Verwirrung gestiftet. Die frühen christlichen Glaubensbekenntnisse bis Chalcedon hatten die Absicht, die Person und das Werk von Jesus Christus klar zu definieren. Dies geschah besonders vor dem Hintergrund falscher Lehren, welche sich in die Kirche eingeschlichen hatten. Da wir mittlerweile festgestellt haben, dass Orthodoxie uns vor solchen Irrtümern schützen kann, tun wir gut daran, uns an den Bekenntnissen der frühen Kirche zu orientieren.

Wenn meine Kinder auf die Straße laufen würden und ich sie nicht vor der Gefahr warnen würde, dann wäre das nicht sehr liebevoll. Im Gegenteil, es würde als mangelnde Fürsorge interpretiert, wenn ich als Vater meine Kinder mitten auf einer gefährlichen Straße spielen ließe. Es ist also durchaus ein Akt der Liebe, wenn ich meine Kinder zurechtweise und sie vor Gefahren warne – so wie es auch Gott mit uns in seiner liebenden Zurechtweisung macht.[7]

---

7   Hebr 12,5-11

Wenn wir Gott von Herzen lieben und ebenso sein Wort und seine Gemeinde, und wenn wir aus dieser Liebe seine Gemeinde vor drohender Gefahr warnen wollen, dann dürfen wir fragen, ob die „Wort des Glaubens"-Bewegung, die „Neue Apostolische Reformation" und die Bewegung „Dritte Welle"[8] theologisch rechtgläubig sind oder nicht.

Martin Lloyd-Jones weist uns darauf hin, dass wir uns „an ihm, in all seiner Fülle und an ihm allein (erfreuen sollen)". Während der Arbeit an diesem Buch war es mein ständiger Wunsch, mich am Herrn zu freuen. Bei meinen Nachforschungen über die wahren Lehren des Christentums ist meine Liebe zum Herrn tiefer geworden, das war das Schöne an dieser Arbeit. Auch meine Begeisterung darüber, wer er ist, was er kontinuierlich für mich, die Kirche und die Welt tut, ist erneuert worden. Er ist wirklich der unbeschreiblich wunderbare Retter! Mein Bemühen um Orthodoxie hat also Wunder bezüglich meiner Freude am Herrn gewirkt. Meine Hoffnung ist, dass es Ihnen genauso geht und Ihre Freude an Jesus beim Lesen dieses Buches beständig zunimmt.

---

8   Die Geschichte der Pfingst- und Charismatischen Bewegung wird in drei Wellen eingeteilt (nach C. P. Wagner). Die erste Welle war die *Pfingstbewegung*, die 1906 in Kalifornien entstanden ist, als zweite Welle wird die *Charismatische Bewegung* bezeichnet, die etwa 50 Jahre später ebenfalls in Kalifornien entstanden ist. Als *Dritte Welle* wird die *Neocharismatische Bewegung* bezeichnet, die Anfang der 1980er-Jahre auch in Kalifornien entstand.

Nun wollen wir uns das Wohlstandsevangelium[9] genauer anschauen. Ich bin überzeugt, dass es insgesamt unchristlich und häretisch ist – es ist „apostatisch", ein Abfall vom wahren Glauben.[10]

Auf den folgenden Seiten werde ich nachweisen, dass das Wohlstandsevangelium, die „Wort des Glaubens"-Bewegung, die „Neue Apostolische Reformation" und die Bewegung „Dritte Welle" sich nicht an die historisch orthodoxen Lehren halten. In den folgenden Kapiteln werde ich thematisieren, welche historischen Irrlehren diese Bewegungen verbreiten. Dann werde ich Verbindungen zu Praktiken aufzeigen, die ihrem Wesen nach okkult scheinen, die aber in diesen Bewegungen praktiziert werden. Ich bin der Meinung, dass diese Bewegungen falsche Lehren, Theologien und Praktiken verbreiten. In den weiteren Kapiteln werde ich weiter vertiefen, dass diese Bewegungen sich nicht an die christliche Orthodoxie – an die gesunde Lehre der Schrift – halten.

---

9   Wohlstandstheologie steht für den Glauben, dass Wohlstand Gottes Wille für jeden Christen ist und dass Glaube, positives Bekennen und Spenden an christliche Werke den eigenen materiellen Wohlstand steigern. Diese Sichtweise gründet sich auf einer nicht-überlieferungsgemäßen Bibelauslegung. Dabei wird die Bibel als Vertrag zwischen Gott und Menschen gesehen: Wenn die Menschen Gott vertrauen, wird er seine Versprechen bezüglich Sicherheit, Gesundheit, Wohlstand und Erfolg einlösen. Von dieser nicht-traditionellen Auslegung aus entwickeln die Anhänger des Wohlstandsevangeliums Theologien, die der christlichen Orthodoxie widersprechen.

10   *Apostasie* – siehe Wikipedia: *https://de.wikipedia.org/wiki/Apostasie* (abgerufen am 6.11.2019)

Kapitel-Zusammenfassung

Orthodoxie – Rechtgläubigkeit – ist die Summe der wahren und akzeptierten Lehren der Kirche. Orthodox zu sein bedeutet die Zustimmung zu und das treue Festhalten an den „Ökumenischen Glaubensbekenntnissen" der frühen Kirche, die zentrale Aussagen der Schrift zusammenfassen.[11]

Wohlstandstheologie steht für den Glauben, dass Wohlstand Gottes Wille für jeden Christen ist und dass Glaube, positives Bekennen und Spenden an christliche Werke den eigenen materiellen Wohlstand steigern. Diese Sichtweise gründet nicht in einer überlieferungsgemäßen Bibelauslegung, also einer gesunden, allgemein anerkannten Auslegung, die der ganzen Bibel entspricht. Hier wird die Bibel fälschlicherweise als Vertrag zwischen Gott und Menschen gesehen: Wenn die Menschen Gott vertrauen, wird er seine Versprechen bezüglich Sicherheit, Gesundheit, Wohlstand und Erfolg einlösen.

---

11 Als *Ökumenische Konzilien* der Alten Kirche werden sieben allgemeine Bischofsversammlungen bezeichnet, die von 325 bis 787 n.Chr. stattfanden und heute von der katholischen Kirche, von den orthodoxen und in evangelischen Kirchen anerkannt werden. Dazu gehören u. a. das Erste Konzil von Nicäa (325), das Erste Konzil von Konstantinopel (381) und das Konzil von Chalcedon (451). (Nach Wikipedia, abgerufen am 6.11.2019.)

Abweichende Theologie

Jesus ist einfacher und normaler, als wir uns vorstellen, und
ist doch gleichzeitig in seiner Person das ewige Wort.[12]
Er ist einfach und komplex zugleich.

Ich nehme einen wachsenden Trend in der evangelikalen Szene wahr: weg vom Bibelstudium und der Bibelkenntnis und weg von der Liebe zur Theologie, und zwar nicht nur der konservativen, sondern jeglicher Theologie. Ich habe mich oft gefragt, woher diese Abneigung – es ist schon fast Verachtung – für Theologie und Gottes Wort unter Christen rührt. Kürzlich bin ich auf einen Klassiker der christlichen Literatur gestoßen – *Heiligkeit, ihr Wesen, ihre Hindernisse, ihre Schwierigkeit und ihre Wurzeln* von R. C. Ryle. Ryle war anglikanischer Bischof von Liverpool im späten 19. Jahrhundert. Er sagte einige tiefgreifende Dinge, die auch heute noch zur evangelikalen Welt sprechen. Er schreibt:

Es herrscht bei vielen Leuten eine unglaubliche Ignoranz bezüglich der Heiligen Schrift und daraus folgend auch ein Mangel an gefestigtem, solidem Glaubensleben. Anders kann ich mir nicht erklären, wie leicht Menschen wie Kinder „hin- und hergeworfen und umhergetrieben (werden) von jedem Wind der Lehre" (Eph 4,14). Es herrscht eine

---

12   nach Joh 1,1-3; 14,6

athenische Liebe für alles Neue und eine krankhafte Abneigung gegen alles Alte und Normale und alles, was sich in den
gewohnten Pfaden unserer Vorväter bewegt. Tausende ver-
sammeln sich, um eine neue Stimme und eine neue Lehre zu
hören, ohne auch nur einen Moment zu bedenken, ob das,
was sie hören, wahr ist. – Es herrscht ein ständiges Verlangen
nach jeder Lehre, die spektakulär und aufregend ist und die
Gefühle mitreißt. Es herrscht ein ungesunder Appetit nach
einer Art sprunghaftem und hysterischem Christentum. Das
geistliche Leben vieler besteht im geistlichen Häppchenessen,
und der „sanfte und stille Geist", den uns Petrus empfiehlt, ist
vollkommen in Vergessenheit geraten (1 Petr 3,4). Menschen-
massen, Weinen, überhitzte Räume, leidenschaftlich rausch-
hafter Gesang und ein unaufhörliches Mitreißen der Gefühle sind das Einzige, was viele interessiert. Die Unfähigkeit,
Unterschiede in der Lehre zu erkennen, breitet sich immer
weiter aus. Solange ein Prediger „clever" und „aufrichtig" ist,
scheinen Hunderte zu denken, es sei alles in Ordnung, und
nennen dich fürchterlich „engstirnig und lieblos", wenn du
darauf hinweist, dass er falsche Lehre verbreitet.[13]

Ryle verfasste diese Worte im Jahr 1883, vor fast 140 Jahren. Als ich
das las, dachte ich fast, er spricht über die Gegenwart, da sich seine Worte wie eine eindringliche Prophetie über unsere Zeit lesen.
Diese Worte ermutigen mich, die evangelikale Bewegung mit Leidenschaft zu ermutigen, ihr theologisches Urteilsvermögen zurückzugewinnen, indem wir uns auf unsere Wurzeln besinnen. Wenn
wir uns wieder auf die gesunde Lehre besinnen, werden wir in der
Wahrheit gegründet sein. Dann werden wir nicht so leicht hin- und
hergeworfen und umhergetrieben werden von jedem Wind der

---

13   J. C. Ryle, *Holiness: Its Nature, Hindrances, Difficulties, and Roots*: Being a
Series of Papers on the Subject. (London: William Hunt 1883) S. 9

Lehre, wie Ryle im Blick auf Eph 4,14 anmerkt, sondern wir werden fest verankert sein – und zwar in Christus und seinem Wort.

Krebs ist eine tödliche Krankheit. Das ist allgemein bekannt. Vielleicht sind oder waren Sie selbst davon betroffen, persönlich oder durch eine nahestehende Person. Wir würden alles in unserer Macht Stehende tun, um diese Krankheit loszuwerden, um nicht zu sterben. Unbehandelter Krebs heilt nicht von alleine. Wir würden alles versuchen, Ärzte aufsuchen, damit sie uns behandeln und den Krebs so gut wie möglich entfernen. Ganz ähnlich verhält es sich mit Wundbrand, einer Krankheit, bei der Körpergewebe abstirbt. Bei einer solchen Wundinfektion muss man sofort handeln. Sonst breitet sich Wundbrand durch den Blutkreislauf aus – mit tödlichen Folgen. Man behandelt Wundbrand, indem man das betroffene Gewebe entfernt. Es kann geschehen, dass die betroffenen Gliedmaßen amputiert werden müssen. Niemand, der an Wundbrand erkrankt ist, würde sagen: „Na ja, mal schauen, ob das von alleine weggeht. Mal sehen, ob es besser wird oder ob die Infektion vielleicht sogar meine Gesundheit irgendwie stärkt." Wenn man Wundbrand nicht entfernt, wird man daran sterben. Die Infektion wird in den Blutkreislauf gelangen und den Betroffenen von innen nach außen mit tödlichen Schadstoffen vergiften.

Das scheinen keine guten Bespiele dafür zu sein, sich für die Suche nach Wahrheit inspirieren zu lassen. Und trotzdem meine ich, dass sie ein sehr guter Startpunkt sind, denn niemand will lange an solchen Krankheiten leiden. Wir würden alles in unserer Macht Stehende tun, um sie zu vermeiden oder sie so schnell wie möglich zu behandeln, um zu überleben. Paulus beschreibt in 2. Timotheus 2,16-19, wie falsche Lehre auf dieselbe Art und Weise wirkt. Er schreibt:

Geh dem ehrfurchtslosen Geschwätz jener Leute aus dem Weg, die alles Heilige in den Schmutz ziehen. Solche Menschen werden immer tiefer in der Gottlosigkeit versinken, und was sie lehren, wird wie ein *Krebsgeschwür* um sich fressen. Zu ihnen gehören Hymenäus und Philetus, die sich so weit von der Wahrheit *entfernt* haben (eigene Hervorhebung), dass sie behaupten, die Auferstehung sei schon geschehen, und die damit den Glauben mancher Menschen zerstören. Doch Gott hat ein sicheres Fundament gelegt, das durch nichts erschüttert werden kann. Es trägt folgende Inschrift: „Der Herr kennt die, die zu ihm gehören" und: „Wer sich zum Herrn bekennt, trenne sich von allem, was unrecht ist".[14]

Paulus benutzt in diesem Abschnitt zwei griechische Wörter, welche die Grundlage des englischen Buchtitels bilden. Das erste Wort ist γάγγραινα (gangraina), das sich von der Wurzel γραίνω (graino) herleitet, was „nagen" bedeutet. Gangraina (γάγγραινα) kann mit Geschwür, Wundbrand, Krebsgeschwür oder Krebs übersetzt werden.[15] Dieses Wort kommt nur einmal im Neuen Testament vor, was Paulus' Worten und der Bedeutung, wie dieses „ehrfurchtslose Geschwätz wie ein Krebsgeschwür um sich fressen (wird)", Gewicht verleiht. Paulus und die anderen Autoren des Neuen Testaments behalten sich die schärfsten Worte und Vergleiche für falsche Lehre vor. In diesem Fall wählt Paulus einen medizinischen Ausdruck, auf den seine Leser entsprechend reagieren werden. Der Kontext, in dem Paulus die Notwendigkeit anspricht, sich mit falscher Lehre auseinanderzusetzen, ist seine Sorge um Timotheus' eigene theologische Fertigkeit. Paulus warnt Timotheus, auf seine Lehre und seinen Dienst achtzugeben, und gibt ihm ein Musterbeispiel, wie er diese theologische Fertigkeit ausüben kann, nämlich indem er „ehrfurchtsloses Geschwätz" meidet. Dann beschreibt er die mangelhafte theologische Fertigkeit von zwei bestimmten Männern. Hymenäus

---

14   2Tim 2,16-19 (NGÜ)

15   Thomas, Robert L., *New American Standard Exhaustive Concordance of the Bible: Including Hebrew-Aramaic and Greek Dictionaries* (Holman Bible Publishing, 1981)

und Philetus sind die Schuldigen. In seinem Buch *Opening up 2 Timothy* beschreibt Peter Williams diese beiden Männer so:

> Hier sind zwei Irrlehrer, die Gottes Gunst verloren haben, weil sie sich leerem, „ehrfurchtslosem Geschwätz" hingegeben und die Wahrheit Gottes untergraben haben. Wie eine *brandige* Krankheit (eigene Hervorhebung) breitete sich ihre falsche Lehre wie ein Gift aus. Sie infiziert und verdirbt die Gedanken und Herzen der Menschen bezüglich ihres Verständnisses des Evangeliums.[16]

Weiter sehen wir, dass sich dieses Krebsgeschwür immer weiter ausgebreitet hatte und „den Glauben mancher Menschen zerstörte". Deshalb wies Paulus Timotheus an, die „unheiligen, nichtigen Schwätzereien" zu vermeiden. Matthew Henry kommentiert, wie die Ausbreitung dieses Geschwätzes vor sich ging:

> Wenn sich Fehler oder falsche Lehren in die Kirche einschleichen, ist die Infizierung eines Einzelnen häufig ein Hinweis auf eine Infizierung von vielen, oder aber auf die Infizierung dieser Person mit mehreren falschen Lehren.[17]

Die einzige Lösung für diese krebsartigen, falschen Lehren besteht nach Paulus darin, sie zu vermeiden und sich von ihnen fernzuhalten. Dasselbe würden wir auch mit echten Krebsgeschwüren oder Wundbrand machen: Wir würden die betroffenen Stellen entfernen. Paulus beschreibt dies mit der Formulierung „dem Satan übergeben"[18]. Wir

---

16 Williams, Peter. *Opening up 2 Timothy* (Leominster: Day One Publications, 2007), S. 58

17 Henry, Matthew. *Matthew Henry's Commentary on the Whole Bible*: Complete and Unabridged in One Volume (Peabody: Hendrickson, 1994), S. 2362

18 1 Tim 1,20

könnten dieses „dem Satan übergeben" auch als das Meiden, die Trennung von und die Beseitigung der giftigen, falschen Lehren verstehen, auf die sich Paulus in 2. Timotheus 2 bezieht.

Das bringt mich zu dem zweiten Wort, das Paulus in diesem Abschnitt gebraucht: ἀστοχέω (astocheo). Dieses Wort wird hier mit „entfernen" übersetzt. Dieses Wort kann auch mit „das Ziel verfehlen", „von der Wahrheit abweichen", „sich täuschen", „abweichen", „unvereinbar" „nicht im Einklang mit Gott" übersetzt werden[19]. Es bezieht sich darauf, dass man durch Abweichen vom Ratschluss Gottes seinen Willen missachtet und so aus seinem Ratschluss heraustritt. Dieses Wort beinhaltet Gottes Missfallen, das mit dem Verlassen seiner Linie einhergeht. Es kommt nur dreimal im Neuen Testament vor, und jedes Mal steht es im Kontext von falscher Lehre und falschen Lehrern. In diesem Bezugsrahmen wird deutlich, was Paulus meint: Diese beiden falschen Lehrer haben eine Theologie entwickelt, die von der gesunden Lehre abweicht und der wir deshalb mit Missfallen begegnen sollten, weil sie auch Gott missfällt. Ich habe die Bedeutung dieses griechischen Begriffes *astocheo* im Begriff *divergent* zusammengefasst. Divergent bedeutet *sich unterscheiden* oder *abweichen.* Es ist außerdem ein mathematischer Begriff, der sich entweder auf eine Menge bezieht, die keine endlichen Grenzen hat oder die ständig wächst. Deshalb habe ich als englischen Originaltitel für dieses Buch *Divergent Theology* gewählt. Paulus legt dar, dass es theologische Systeme und Lehren gibt, die Gottes Willen entgegenstehen und somit abweichend, *divergent* sind. Es gibt also falsche Lehren, die Gott nicht anerkennt. Daraus folgt, dass wir uns vor solchen falschen Lehren in Acht nehmen müssen. Ich setze mich in diesem Buch mit einer Theologie auseinander, die von der Wahrheit abweicht. Sie scheint ständig zu wachsen und aus sich heraus immer neue falsche Lehren und Praktiken zu entwickeln.

---

19 Henry, Matthew. *Matthew Henry's Commentary on the Whole Bible: Complete and Unabridged in One Volume* (Peabody: Hendrickson, 1994), S. 1636

Ich bin kein „Höllenfeuer-Prediger". Wenn Sie mich kennen würden, wüssten Sie, dass ich im Herzen ein kalifornischer Junge bin: locker, lebenslustig und relaxed. Das muss ich auch sein, schließlich bin ich Jugendpastor! Und es fällt mir nicht leicht, mit so einer hart klingenden Bibelstelle zu beginnen. Aber wenn die Autoren des Neuen Testamentes abweichende Theologie so ernst nahmen, dann muss ich das auch tun. Deshalb schreibe ich dieses Buch: damit die Gemeinde bewahrt wird und ihre Lehre rein bleibt.

Aufgrund meiner Recherche und vieler Jahre der Beobachtung habe ich festgestellt, dass *Lehre, Theologie* und *Praktiken* der „Wort des Glaubens"-Bewegung (WDG), der Bewegung „Dritte Welle" (DW) und der „Neuen Apostolischen Reformation" (NAR) *divergent,* d. h. abweichend, sind. Es scheint mir, als seien sie wie ein Krebsgeschwür oder Wundbrand. Ähnlich wie bei Hymenäus und Philetus können sie einen großen oder einen kleinen Teil des Leibes Christi beeinflussen. Bei Krebs oder Wundbrand können wir es uns nicht leisten, diese tödlichen Krankheiten ungehindert und unbehandelt weiterwuchern zu lassen. Das würde unseren Körper töten. Auf die Kirche bezogen könnte es dazu führen, dass unser Glaube oder der Glaube der Menschen, denen wir dienen, in Mitleidenschaft gezogen wird. Wenn wir zulassen, dass sich „unheilige Schwätzereien" in unseren Gemeinden ausbreiten, wird das viel Glauben zerstören. Wie Chirurgen sollten wir die zerstörerischen, ansteckenden Lehren des Wohlstandsevangeliums (WDG), der Bewegung „Dritte Welle" (DW) und der „Neuen Apostolischen Reformation" (NAR) aus unseren Kirchen entfernen.

Ich werde in diesem Buch der gefährlichen *Lehre, Theologie* und *Praxis* dieser Bewegungen und ihrer Leiter nachgehen und damit das gefährliche Wesen dieser drei miteinander verwobenen Bewegungen offenlegen. Die Schrift sagt, dass wir falsche Lehrer entlarven und *niemals* ihre vergifteten Lehren annehmen sollen[20]. Auch

---

20 Röm 16,17-18; 2Petr 2,1-3

Jesus hat uns gewarnt „vor den falschen Propheten, die in Schafskleidern zu euch kommen (...)! Inwendig aber sind sie reißende Wölfe."[21] Diese falschen Lehren werden oft als großartige neue Bewegungen dargestellt, die Gott bewirkt. Deshalb ist es so wichtig, sie zu entlarven. Ich werde zeigen, dass diese Bewegungen im besten Fall schlechte Theologie verbreiten und im schlimmsten Fall den Leib Christi bedrohen.

Ich möchte darauf hinweisen, dass ich mich besonders mit der Lehre und den Schriften von Bill Johnson, Pastor der Bethel Church in Redding, Kalifornien, auseinandersetzen werde, weil diese meinen Dienst in Deutschland besonders betreffen. Außerdem habe ich persönlich die Auswirkung seiner Lehre zu spüren bekommen, als wir in Kalifornien im Gemeindedienst tätig waren. Während meiner Recherchen über Bill Johnsons Dienst wurde mir bewusst, wie weitreichend sein Einfluss ist. Dabei habe ich festgestellt, dass seine Lehre unübersehbar abweichend ist. Weiter wurde im Rahmen meiner Recherche deutlich, dass Johnson einen guten Querschnitt der Lehren und Glaubensinhalte der gesamten „Neuen Apostolischen Reformation" (NAR) vertritt. Wobei fairerweise gesagt werden muss, dass Johnson selbst behauptet, keinerlei Verbindung zur NAR zu haben. Dennoch werde ich nachweisen, dass er offensichtliche Beziehungen zu einer Vielzahl von NAR-Leitern und Organisationen hat. Obwohl Johnson sagt, er habe keine offizielle Verbindung zur NAR, lehrt er NAR-Theologie und hat unverkennbare Beziehungen zu ihren Leitern, einschließlich C. Peter Wagner, dem „Vater" der NAR. Darüber hinaus haben sich Johnson und Bethel von den großen pfingstlerischen Denominationen (Assemblies of God) distanziert, genau wie andere NAR-Kirchen auch.

Ich habe knapp neun Jahre im Raum von San Francisco gelebt und in einer Gemeinde als Jugendpastor gearbeitet. Dort begegnete ich ein weiteres Mal den Bewegungen „Wort des Glaubens" und

---

21 Mt 7,15

„Dritte Welle", auch bekannt als „Neue Apostolische Reformation". Mir waren die unbiblischen und oft häretischen Lehren der „Wort des Glaubens"-Bewegung bereits aus dem theologischen Grundstudium bekannt. Wir beschäftigten uns mit Robert Tilton, Fred Price, Kenneth Copeland, Kenneth Hagin, Benny Hinn, Paul Crouch und ihresgleichen. Wir analysierten diese Bewegung sowohl aus theologischer als auch aus praktischer Perspektive: Wir prüften, inwieweit diese Männer falsche Lehrer sind, wie sie durch ihre Worte und Taten lehren, dass Gottes Wille für die Menschen Gesundheit, Reichtum und Wohlstand ist, dass Jesus am Kreuz die Strafe Satans ertrug (Kenneth Copeland & Kenneth Hagin) und dass der Heilige Geist mit Sensationslust heilt (Benny Hinn). Habgier und Korruption sind in vielen dieser Dienste alltäglich.[22] Die Leiter dieser christlichen Dienste benutzen Redewendungen wie „eine Saat des Glaubens zu säen", was bedeutet, ihrem Dienst eine finanzielle Spende zukommen zu lassen, um im Gegenzug die Gunst Gottes zu erlangen. Ihre Lehren und ihre Bewegung wachsen seit geraumer Zeit beständig im zeitgenössischen Evangelikalismus. Wir haben ihre häretischen Lehren schon damals studiert, so, wie sie sich selbst darstellten.[23]

Als ich in Kalifornien lebte, begegnete mir das, was heute „Dritte Welle"-Bewegung oder „Neue Apostolische Reformation" genannt wird. Es war für mich aufgrund meiner früheren Studien von WDG offensichtlich, dass diese neueren Bewegungen eine

---

22 *FBI-Akten legen dar, dass der Televangelist Paul Crouch verdächtigt wird, Beziehungen zu ... also wirklich zu jedem zu haben*, Muckrock, 19. August 2014, verfasst von M. G. Lee (abgerufen am 3. November 2016), www.muckrock. com/news/archives/2014/aug/19/fbi-files-reveal-televangelist-paul-crouch-had-tie/. *United States Senate inquiry into the tax-exempt status of religious organizations*, Wikipedia, 6. Mai 2016 (abgerufen am 4. November 2016), https://en.wikipedia.org/wiki/United_States_Senate_inquiry_into_the_tax-exempt_status_of_religious_organizations

23 Horton, Michael Scott, *The Agony of Deceit* (Chicago, IL: Moody, 1990) McConnell, D. R., *A Different Gospel: A Historical and Biblical Analysis of the Modern Faith Movement* (Peabody: Hendrickson, 1988)

Weiterentwicklung derselben, ausgesprochen fehlerhaften Lehre sind, die wir damals im Studium analysierten. In Kalifornien hat meine Frau in einem Frauenkreis über unser Leben mit unserer Tochter berichtet. Unsere Tochter hat das Downsyndrom und litt zu dieser Zeit an Krampfanfällen. Meine Frau erzählte von unserer Mühe mit Ana während ihrer verheerenden Krämpfe. Sie litt an sogenannten frühkindlichen Krämpfen[24], das sind Krampfanfälle, die nur in der Kindheit vorkommen und die äußerst erschütternd sein können. Nachdem sie ihr Herz ausgeschüttet hatte, kam eine Frau auf sie zu und gab ihr eine CD mit einer Predigt von Bill Johnson, Pastor der Bethel Church in Redding, Kalifornien. Die Predigt ging ungefähr so: „Gott ist gut; Krebs ist böse; Satan ist böse; also ist Satan der Ursprung von Krebs." Leider kann ich diese bestimmte Predigt nicht mehr im Bethel-Predigtarchiv finden, aber so erinnere ich mich an das Gesagte. Er setzte Krebs mit dem Wirken Satans gleich und schloss aus, dass er von Gott gewirkt oder zugelassen sein könnte.[25] Das ist keine Überraschung, wenn man Bekanntschaft mit der „Wort des Glaubens"-Bewegung gemacht hat. Bill Johnson sagte in einem Interview: „Man kann nur geben, was man hat. Kann Gott Krankheit geben? Nein, denn er ist nicht krank. Man kann keinen Krebs geben, wenn man keinen Krebs hat."[26]

---

24 Im deutschsprachigen Raum auch als BNS-Epilepsie = Blitz-Nick-Salaam-Epilepsie bekannt.

25 *Bill Johnson – God is good, ALL the time*, YouTube video, 07:31, 6. April 2010, gepostet von *Whizzpopping*, https://www.youtube.com/watch?v=SehJOzf-j0Rg (abgerufen am 10. April 2016)

26 *Bill Johnson: God Does Not Cause Illness and Never Chooses Not to Heal*, https://shepherdguardian.wordpress.com/2013/10/20/heresy-alert-bill-johnson-god-does-not-cause-illness-and-never-chooses-not-to-heal (abgerufen am 11.11.2019)

Aber das ist ganz falsch. Selbstverständlich kann Gott Krankheit, Seuchen, Pest, Behinderung oder sonstige Gebrechen nach seinem Willen geben (mehr dazu im Kapitel *Christologische und soteriologische Irrlehren: Wofür steht das Kreuz?*). Er gab Lepra, tötete 14 700 Menschen im Zuge der Rebellion Korahs durch eine Plage (4Mo 17), tötete Hananias und Saphira dafür, dass sie den Heiligen Geist belogen (Apg 5,1-11), er schlug Saulus mit Blindheit (Apg 9,1-9) genauso wie Elymas, den Zauberer, (Apg 13,9-12) und die syrische Armee, die gegen Elisa aufmarschierte (2Kö 6,16-22). Er tötete alle Erstgeborenen, als der Engel des Herrn über Ägypten kam (2Mo 12). Er erlaubte, dass Hiob – der gerecht war – von Kopf bis Fuß mit Geschwüren geschlagen wurde (Hi 2). Gott schlug die bösen Könige Israels und ab und zu befreite er sie von ihrem schrecklichen Gericht. Der Herr schlug Jerobeam, König über Israel, und er starb (2Chr 13,20). Gott schlug König Joram mit einer unheilbaren Krankheit an den Eingeweiden. Nach zwei Jahren Krankheit traten seine Eingeweide heraus, und er starb unter Qualen (2Chr 21,18-19). Gott hat ihm das angetan! Außerdem schlug Gott König Usija mit Aussatz, der bis zum Ende seines Lebens nicht geheilt wurde (2Chr 26,20-21). Das sind nur einige Beispiel aus dem Alten und Neuen Testament, die zeigen, wie Gott Krankheit und gelegentlich sogar Tod zuließ oder bewirkte. Wenn Johnson also behauptet, Gott könne keine Krankheit geben, liegt er falsch. Einige mögen sagen, dass wir heute im Zeitalter der Gnade leben und Gott sich jetzt nicht mehr so verhält. Doch auch im Neuen Testament wirkt Gott Krankheit und Tod. Wie das Wort Gottes sagt: „Denn ich, der HERR, verändere mich nicht; deshalb seid ihr, die Kinder Jakobs, nicht zugrunde gegangen."[27] Und an anderer Stelle lesen wir: „Jesus Christus ist derselbe gestern und heute und in Ewigkeit."[28]

---

27 Mal 3,6 (SLT)

28 Hebr 13,8

Im selben Interview lehrt Johnson außerdem:

> „Nein. Vor zweitausend Jahren hat Jesus einen Kauf getätigt. Er entscheidet sich nicht dafür, Menschen heute nicht zu heilen. Die Entscheidung vor 2000 Jahren war zu heilen. Entweder war die Bezahlung ausreichend für alle Sünden oder für keine Sünde. Entweder war die Bezahlung ausreichend für alle Krankheiten oder keine Krankheit ... Das Wunder von Gottes Erlösung bestand darin, die Wurzel der Sünde, der Krankheit und der Armut auszureißen." [29]

Das hat mich zwar nicht überrascht, hat mir aber wieder ins Bewusstsein gerufen, wie weit verbreitet die „Wort des Glaubens"-Bewegung inzwischen ist. Johnson hat recht, wenn er sagt, dass Jesu Opfer wirklich für alle Sünden ausreichend ist. Das muss wahr sein, denn wenn eine Sünde nicht gesühnt wäre, dann wäre keine Sünde gesühnt. Wenn es nur eine Sünde gäbe, für die Jesus nicht gestorben ist, dann gäbe es für niemanden Errettung. Seine zweite Aussage jedoch kann nicht wahr sein: Durch Christi Opfer wurden nicht alle Krankheiten beseitigt, denn wenn nur eine Krankheit nicht geheilt wird, dann ist Jesus nicht für alle Krankheiten gestorben. Jeder Mensch stirbt, viele aufgrund der einen oder anderen Krankheit. Christen werden immer noch krank und sterben. Die Bibel lehrt nirgendwo, dass Jesus dafür gestorben ist, alle unsere Krankheiten zu heilen. Nach dieser Logik wäre dann der Sühnetod Jesu mangelhaft, wenn auch nur eine Person nicht geheilt wird. *„Unsere* Krankheiten, er hat sie getragen"[30], heißt es in Jesaja 53,4, es heißt nicht: *„alle* Krankheiten"!

---

29 *Bill Johnson: God Does Not Cause Illness and Never Chooses Not to Heal,* https://shepherdguardian.wordpress.com/2013/10/20/heresy-alert-bill-johnson-god-does-not-cause-illness-and-never-chooses-not-to-heal/ (abgerufen am 11.11.2019)

30 Jes 53,4 (ZB)

Ein Aspekt dieser Lehre ist, dass Menschen im Hinblick auf ihr christliches Leben leicht entmutigt werden können, wenn sie keine Heilung erfahren. Eine solche Lehre kann zu sinnlosen Depressionen und zur Verzweiflung führen. Aber hier steht mehr auf dem Spiel als nur Entmutigung. Es kann dazu führen, dass Menschen anfangen, das Problem bei Gott zu suchen, wenn Heilung ausbleibt. Ich habe selbst erlebt, wie Menschen, die von diesen Bewegungen beeinflusst sind, anfingen zu glauben, dass das Problem bei Gottes Wort liegt: Entweder, dass es gar nicht wahr ist, oder noch schlimmer, dass Christi Sühneopfer nicht ausreichend ist.

Als diese Frau meiner Frau die CD mit der Predigt gab, wurde ich daran erinnert, dass diese Bewegung immer noch existiert. Das weckte mein Interesse herauszufinden, was aus der „Wort des Glaubens"-Bewegung geworden ist: eine noch verstörendere, gefährlichere Art der Irrlehre. Als ich anfing, mich genauer mit dieser Bewegung zu beschäftigen, konnte ich nicht fassen, wie tief die Verirrung ging. Wenn man versteht, wie sehr die Sünde in dieser Welt wirkt und wie sehr ihre verheerende Wirkung jeden Menschen in der Tiefe betrifft[31], dann kann man auch besser verstehen, woher Krankheit und Tod kommen. Sie kommen von Adam; in Adam haben alle gesündigt, und der Tod ist Folge dieser Sünde.[32] Die richtige christliche Lehre war über die Jahrhunderte hinweg klar: dass Tod, Krankheit und einzelne Sünden Folgen des Sündenfalls sind, und zwar solange wir Teil dieser Welt sind, bis Jesus wiederkommt und alle Dinge neu macht. Millard J. Erickson erklärt das in seinem bedeutenden Werk *Christian Theology* so:

---

31 Die vollkommene Verderbtheit des Menschen ist die theologische Sichtweise, die von Augustinus von Hippo aufgestellt und später von den Reformatoren, besonders Johannes Calvin, weiterentwickelt wurde. Danach ist der Mensch vollkommen und vollständig von Sünde durchdrungen und kann allein durch göttliche Gnade auf Gottes Ruf zur Errettung antworten.

32 1 Kor 15,21-23; Röm 5,12

Wir sollten beachten, dass die Sünde noch andere Veränderungen bewirkte. In Eden hatte der Mensch einen Körper, der nicht krank werden konnte; nach dem Sündenfall gab es Krankheiten, die ihn treffen konnten. Der Fluch des Todes brachte für den Menschen eine ganze Reihe verschiedener Leiden mit sich, welche schließlich zum Tod führten. Paulus sagt uns, dass diese verhängnisvollen Zusammenhänge eines Tages weggenommen werden und die ganze Schöpfung von der „Knechtschaft der Vergänglichkeit" befreit werden wird (Röm 8,18-23).[33]

Wie Erickson erläutert, sind wir unter einer „Knechtschaft der Vergänglichkeit" bis zu dem Tag, an dem Christus uns davon befreit und dann die ganze Schöpfung von der Knechtschaft des Todes, der Krankheit und des Verfalls befreit wird. Als Christen warten wir mit großer Vorfreude auf diesen Tag.

Als ich Jugendpastor in Kalifornien war, kamen so viele Menschen von der Bethel Church in Redding zu uns, die entweder absolut überzeugt von den „Zeichen und Wundern" waren, die dort geschahen, oder die äußerst schlechte Erfahrungen gemacht hatten und sich von der falschen Lehre und sektenähnlichen Atmosphäre dort erholen mussten. Wir waren auch persönlich betroffen, als uns die Predigt-CD von Bill Johnson gegeben wurde. Die Absicht war, uns zu ermutigen, allerdings brachte es nur tiefe Entmutigung und Verurteilung, weil unsere Tochter nicht geheilt wurde.

Oft wurden wir von Leuten von Bethel oder mit „Wort des Glaubens"-Hintergrund gefragt, ob wir glauben, dass Gott Anas Downsyndrom heilen würde. Von dieser Lehre ausgehend hätten wir schlussfolgern können, dass wir nicht genug Glauben haben oder dass die Krankheit, welche unsere Tochter heimsuchte, von Satan

---

33 Erickson, Millard J., *Christian Theology*, Volume II. (Grand Rapids: Baker Book House, 1984), S. 61

selbst war. Es gab dort schlicht keine Vorstellung davon, dass Gott diese schrecklichen epileptischen Anfälle in seiner Souveränität zu unserem Besten und seiner Ehre zulassen könnte, genau wie bei dem Mann aus Johannes 9, der blind geboren wurde, „damit die Werke Gottes an ihm offenbart würden."[34] Wenn ich glaube, dass Gott souverän über alles ist, dann hat er die Macht, Krankheit zuzulassen oder zu heilen, wie wir in 2. Mose 4,11 lesen: „Wer macht stumm oder taub, sehend oder blind? Nicht ich, der Herr?" Die Lehre aus Bethel und der „Wort des Glaubens"-Bewegung brachte nur Schuld und Scham, da wir scheinbar nicht genug Glauben dafür aufbringen konnten, dass unsere Tochter von ihren Krämpfen oder ihrem Downsyndrom geheilt würde.

Aufgrund meiner Studien über diese Bewegungen, ihre Lehren und Praktiken und unserer persönlichen Schmerzen und Erfahrungen und auch weil wir Zeugen von Erfahrungen anderer Menschen wurden, habe ich diese Bewegung fast 20 Jahre lang weiter beobachtet. Wenn ich nur einem Menschen dabei helfen kann, die unbiblische Lehre, Theologie und Praxis, die ich dabei entdeckt habe, zu erkennen und frei davon zu werden, hat sich der Zweck dieses Buches erfüllt. Das ist mein Ziel auf den folgenden Seiten.

---

34   Joh 9,3; 2Mo 4,11; 2Kor 12,1-10

Kapitel-Zusammenfassung

Abweichende Theologie ist eine theologische Sichtweise, die von Gottes Willen abgeirrt oder abgewichen ist und sich damit außerhalb christlicher Rechtgläubigkeit positioniert.

„Krebsgeschwür" ist das Wort, mit welchem Paulus die Wirkung von zwei falschen Lehrern bezeichnet, welche zur Zeit des Neuen Testaments wirkten. Seine Warnung vor ihren falschen Lehren war sehr klar und deutlich.

Die folgenden Untersuchungen werden zeigen, dass die LEHRE, THEOLOGIE und PRAXIS der „Wort des Glaubens"-Bewegung, der „Dritten Welle" und der „Neuen Apostolischen Reformation" abweichend sind.

Die langen Fangarme falscher Lehre und Praxis

Die einzige Irrlehre, die es heute noch gibt,
ist zu sagen, dass es Irrlehre gibt.
Shai Linne (christlicher Hip-Hop Künstler)

Die Fangarme eines falschen Evangeliums haben ihren Weg rund um den gesamten Globus gefunden. Vor einigen Jahren sind wir nach Deutschland gezogen und haben festgestellt, dass der Einfluss der Bethel Church auch in Deutschland weit verbreitet ist. Kürzlich kam nach einem Predigtdienst ein junger Mann auf mich zu und wollte dafür beten, dass das Downsyndrom meiner Tochter „weggehe", da Jesus ja den Preis für ihre Gesundheit am Kreuz bezahlt habe. Ich konnte ihn schließlich zu einem Verständnis der wahren Lehre über den Sühnetod Jesu führen. Außerdem habe ich ihn informiert, dass es sich beim Downsyndrom meiner Tochter nicht um eine klassische Krankheit handelt, es also keiner Heilung bedurfte. Gott würde sie ja nicht nur heilen müssen; er müsste ihre gesamte Zellstruktur ändern. Menschen mit Downsyndrom werden mit drei Chromosomen auf dem einundzwanzigsten Strang jeder Zelle geboren. Beim Downsyndrom handelt es sich nicht um eine einfache Krankheit, sondern um eine chromosomale Anomalie. Ich liebe beispielsweise Anas wunderschöne walnussförmige Augen und ihre gesprenkelte Iris. Das macht sie aus! Sie ist „erstaunlich und wunderbar gemacht".[35] Ich könnte sie mir ohne Downsyndrom überhaupt nicht vorstellen. Könnten Sie sich eines ihrer Kinder ohne die besonderen Eigenschaften vorstellen, die es besitzt? Vielleicht hat es lockige schwarze Haare, tiefblaue Augen, lustige Wesenszüge. Menschen haben ganz unterschiedliche Körperformen, sind verschieden groß. Es sind diese Unterschiede, die uns zu dem machen, was wir sind. Ich kann mir meine Tochter gar nicht vorstellen ohne eine ihrer besonderen Eigenschaften, auch mit ihren Macken, die sie zu der Person machen, die sie ist.

Kürzlich fand in Nürnberg eine Veranstaltung mit dem Namen „Awakening Europe" statt.[36] Als Sprecher traten dort u. a. Todd White[37], Ben Fitzgerald (Bethel Church)[38] und Heidi Baker[39] auf. Der Veranstalter war „God First Ministries" und wird vom Pastor der Bethel Church, Bill Johnson, unterstützt. Ich kenne viele Menschen, die an dieser Veranstaltung teilgenommen haben, und viele, die vorhaben, weitere ähnliche Veranstaltungen in ganz Europa zu besuchen. Außerdem habe ich in vielen anderen Gemeinden an den unterschiedlichsten Orten erlebt, dass sie mit Bill Johnsons Predigten und Materialien der Bethel Church arbeiten. Es ist schwer eine Gemeinde zu finden, die keine von Bethel herausgegebenen Lieder singt. Wenn Bethel ein neues Lobpreis Album veröffentlicht, schießt es normalerweise für zwei Wochen auf Platz 1 der iTunes-Charts, dem weltweit größten digitalen Musikanbieter.

---

35 Ps 139,14 (SLT)

36 https://www.awakeningeurope.com/nuremberg-germany (abgerufen am 11.11.2019)

37 http://lifestylechristianity.com/about/about-todd-white (abgerufen am 11.11.2019)

38 http://www.awakeningeurope.com/speakers-en/ben-fitzgerald (abgerufe nam 11.11.2019)

39 http://irismin.org/ und http://www.awakeningeurope.com/speakers-en/heidi-baker (abgerufen am 11.11.2019)

Dies zeigt die große Popularität der NAR-Materialien, selbst über das evangelikale Christentum hinaus.

Die Autoren Holly Pivec und Douglas Geivett geben mit folgenden Zahlen eine Vorstellung davon, wie weitverbreitet und einflussreich die „Neue Apostolische Reformation" ist: Diese Bewegung, welche auch unabhängige und postkonfessionelle Gruppen mit einschließt, umfasst schätzungsweise über 369 Millionen Menschen weltweit.[40] Sie schätzen, dass alleine in den USA ca. 66 Millionen Menschen auf die eine oder andere Art von der NAR-Lehre beeinflusst werden.[41] Auf Pivec und Geivett gehen die Begriffe „neo-charismatisch" bzw. „neo-apostolisch" zurück, mit welchen sie Gruppen beschreiben, die zwar nicht unbedingt der NAR zuzurechnen sind, aber doch stark zur Vision und Lehre der NAR tendieren. Davon sind geschätzt 36 Millionen Menschen direkt mit der NAR verbunden. Weiter haben sie durch die Forschungsarbeit des „Studien-Zentrums für globales Christentum" am Theologischen Seminar Gordon-Cromwell festgestellt, dass drei Millionen Menschen in den USA zu offenkundigen NAR-Gemeinden gehören.[42] Diese Zahlen zeigen, dass diese Bewegung boomt und ihr Einfluss riesig ist.

Der Einfluss der NAR ist weitverbreitet. Viele Leute, die ich persönlich kenne, haben positive, berührende Erfahrungen bei Veranstaltungen dieser Bewegung gemacht. Das bestreite ich nicht. Es ist nicht mein Ziel, diese Erfahrungen zu erörtern. Wenn Sie an solchen Veranstaltungen teilgenommen haben, dann hoffe ich, dass Sie wirklich Christus in seiner Fülle erlebt haben. Ich persönlich glaube jedoch, dass diese Bewegung nicht den Christus

---

40 Geivett, R. Douglas; Pivec, Holly. *A New Apostolic Reformation?: A Biblical Response to a Worldwide Movement.* Weaver Book Company. Kindle-Edition. (Kindle-Position 374)

41 Ebd. (Kindle-Position 426)

42 Ebd. (Kindle-Position 426)

predigt, welchen die Bibel und die rechtgläubige Lehre der Christenheit offenbart.

Mir ist bewusst, dass diese Bewegungen mächtig sind, und vielleicht wird nichts, was ich schreibe, etwas an dem ändern, was gerade passiert. Aber wenn auch nur eine Person kritischer und gründlicher über ihre Teilnahme an solchen Veranstaltungen und über diese Lehre nachdenkt, dann habe ich mein Ziel erreicht. Es ist mein Wunsch, evangelikalen Christen dabei zu helfen, wieder zurück zu theologischem Urteilsvermögen zu finden.

In den folgenden Kapiteln gehe ich von einem biblischen Standpunkt aus auf die *Lehre, Theologie* und *Praxis* der Bewegungen „Wort des Glaubens", „Dritte Welle" und „Neue Apostolische Reformation" ein. Dabei werde ich Irrlehren ansprechen, die in der Kirchengeschichte bereits verworfen wurden.

Ich möchte klar sagen, dass ich an das Übernatürliche glaube und daran, dass Gott auch heute noch übernatürlich handelt. Ich glaube an das tiefe und geheimnisvolle Werk des Heiligen Geistes.

Ich bin aber auch überzeugt, dass Gaben in Übereinstimmung mit den Aussagen in den neutestamentlichen Briefen ausgeübt werden sollen, um den dort klar ausgedrückten Erwartungen, wie diese Gaben eingesetzt werden sollen, gerecht zu werden. Die eindeutige neutestamentliche Anweisung ist, dass die Gaben stets auf ordentliche Art und Weise ausgeübt werden sollen, niemals chaotisch, mit großem Durcheinander und in Unordnung. Ich glaube, dass die Kraft Jesu Menschen heilen kann und dass Gott durch übernatürliches Handeln eine Brücke über eine „Evangeliums-Grenze" schlagen kann (für gewöhnlich, um kulturelle Barrieren zu überwinden). Ich kenne einige Menschen, die durch die mächtige Kraft Jesu von schweren Krankheiten geheilt und von Bindungen befreit wurden. Auch unsere Tochter Ana wurde schließlich von ihren verheerenden Krampfanfällen geheilt.

Ich selbst wurde durch den mächtigen Namen Jesu von geistlichen Bindungen befreit und habe in den Jahren, seit ich im christlichen Dienst stehe, seine Macht über Abhängigkeiten gesehen und wurde Zeuge davon, wie andere, denen ich diente, befreit wurden. Die Geschichte unserer Tochter ist eine Geschichte der Heilung, allerdings war es keine sofortige Heilung. Wir haben oft gebetet, und wenn keine Heilung geschah, baten wir um Gnade. Und Gotte schenkte uns diese Gnade. Unsere Tochter ist nun seit vielen Jahren frei von Krampfanfällen, aber sie hat immer noch das Downsyndrom, und wir gehen davon aus, dass das auch für den Rest ihres Lebens so bleibt.

Ich bin jedoch aufgrund der Schrift und meiner jahrelangen Beobachtung dieser Bewegungen der Meinung, dass die „Wort des Glaubens"- und die „Dritte Welle"-Bewegung und die „Neue Apostolische Reformation" nicht zum theologisch orthodoxen Lager gehören. Ich werde mir im Folgenden große Mühe geben, im Einklang mit den biblisch-theologischen Aussagen und auch den Glaubensbekenntnissen der frühen Christenheit zu argumentieren.

Kapitel-Zusammenfassung

Die NAR und die Bethel Church in Redding haben unglaublich großen weltweiten Einfluss durch Bücher, Musik, Konferenzen, „Revivals", christliche Veranstaltungen sowie durch das Aussenden von Aposteln, Propheten, Evangelisten und Mitarbeitern in der ganzen Welt.

Die historischen Glaubensbekenntnisse der alten Kirche werden unsere Wegweiser dafür sein, was theologisch orthodox, d. h. rechtgläubig, ist. Wenn eine Lehre nicht mit den anerkannten frühen Glaubensbekenntnissen übereinstimmt, dann gehört diese Theologie nicht in den Bereich der gesunden christlichen Lehre.

Unfehlbarkeit: Die Bibel ist in allem, was sie sagt, vollkommen wahr, wenn man sie korrekt auslegt im Hinblick auf den Entwicklungsstand der Kultur und der Kommunikationsmittel ihrer Entstehungszeit und wenn man dabei außerdem den Zweck im Blick behält, zu dem sie uns gegeben wurde.

Historische Irrlehren

*Das Wort Ketzerei"[43] hat nicht nur nicht mehr die
Bedeutung, dass man sich auf dem Irrweg befindet; es heißt
praktisch, dass man intelligent und mutig ist. Das Wort
„Rechtgläubigkeit"[44] bedeutet nicht nur nicht mehr, dass man
recht hat, es heißt praktisch, dass man im Unrecht ist.*
G. K. Chesterton, „Ketzer"[45]

Heute wird der Begriff „Irrlehre" mit einer gewissen Zurück-
haltung verwendet. Daher möchte ich bestimmte Begriffe, die
ich benutze, der Klarheit halber definieren. Harold Brown definiert
so:

Der Begriff „Irrlehre" oder „Häresie" bezieht sich auf eine
falsche Lehre, also auf eine Lehre, die einfach nicht der
Wahrheit entspricht und dabei so wichtig ist, dass diejenigen, die sie glauben (diese nennt die Kirche Häretiker bzw.
Irrlehrer), als Menschen anzusehen sind, die den Glauben
preisgegeben haben.[46]

---

43 engl. *heresy*

44 engl. *orthodoxy*

45 Gilbert Keith Chesterton, *Ketzer*, 2004, Frankfurt: Insel Verlag, S. 11

46 Brown, Harold O. J., *Heresies: The Image of Christ in the Mirror of Heresy and
    Orthodoxy from the Apostles to the Present* (Garden City: Doubleday, 1984), S. 1

Diejenigen, von denen ich aufgrund ihrer nachweisbaren Lehren und Aussagen ausgehe, dass sie den Glauben verlassen haben, werde ich Irrlehrer nennen. Es ist nicht mein Ziel in diesem Buch, die positiven Aspekte der WDG, DW und NAR zu untersuchen. Es gibt dort sicherlich Positives zu finden, wie z. B. Leidenschaft für Jesus, hingegebener Lobpreis und Eifer für den christlichen Dienst. Dies alles erkenne ich gerne an, und die Gemeinde kann sicherlich davon lernen. Das Schwierige ist jedoch, dass Dinge vermischt werden und viele Menschen hier nicht unterscheiden können. Viele tendieren dazu zu meinen, dass, wenn etwas Richtiges dabei ist, das andere auch richtig sein muss, weil es aus ein und derselben Quelle stammt.

Ich möchte eine Reihe von Fragen stellen, die uns bezüglich Häresie und Irrlehre zum Nachdenken anregen sollen. Gibt es überhaupt so etwas wie falsche Lehrer? Und wenn ja, ab welchem Punkt würden wir jemanden als falschen Lehrer bezeichnen? Würden wir sagen, jemand ist ein falscher Lehrer, wenn er lehrt, dass Jesus zu einem gewissen Zeitpunkt nicht Gott war (Kenosis-Theorie)? Würden wir jemanden als falschen Lehrer bezeichnen, wenn er die Dreieinigkeit leugnet (z. B. Modalismus)? Würden wir jemanden als falschen Lehrer bezeichnen, wenn er sagt, der Heilige Geist sei nicht Gott, sondern vielmehr eine Kraft, die wir anzapfen können, um größere Durchbrüche im Übernatürlichen zu erleben? Würden wir jemanden als falschen Lehrer bezeichnen, wenn er unbiblische Praktiken ausübt, die mit okkulten Praktiken vergleichbar sind? Würden wir jemanden als falschen Lehrer bezeichnen, wenn er behauptet, wir könnten uns den Himmel verdienen (z. B. die „offenbar gewordenen Söhne Gottes")?[47] Würden wir jemanden als falschen

---

47 Die „offenbar gewordenen Söhne Gottes", auch Joels Armee genannt, ist die Lehre, dass in den letzten Tagen eine „neue Art" von Christen aufstehen wird – „die offenbar gewordenen Söhne Gottes" – die übernatürliche, geistliche Macht besitzen und die dabei mithelfen werden, die Erde zu unterwerfen. Diese Lehre führt häufig zu dem Glauben, dass es keine Entrückung geben wird (und daher auch keine leibliche Auferstehung), sondern dass die Kirche nach und nach die völlige Herrschaft über die Erde erlangt. Dann erst wird

Lehrer bezeichnen, wenn er oder sie klare prophetische Aussagen macht, die sich später als falsch oder unzutreffend herausstellten? Würden wir jemanden als falschen Lehrer bezeichnen, wenn er lehrt, dass Jesus erst wiederkommen wird, wenn die Gemeinde vollständig vereinigt ist und die Herrschaft über die gesamte Gesellschaft erlangt hat?[48] Wenn ein Lehrer sagen würde, es gäbe keine Auferstehung von den Toten, würden wir ihn dann einen Häretiker nennen (diesen Glauben findet man in der Theologie der „offenbar gewordenen Söhne Gottes")? Würden wir jemanden als falschen Lehrer bezeichnen, der seine Anhänger auffordert, östliche Mystik und New-Age-Praktiken anzuwenden („soaking", zentrierendes Gebet, Meditation usw.)? Was ist die Voraussetzung dafür, jemanden als falschen Lehrer zu bezeichnen?

Leider werden all die oben beschriebenen Theologien in der einen oder anderen Form in der „Neuen Apostolischen Reformation" gelehrt.

Wenn die Schrift und die rechtgläubigen Bekenntnisse der Christenheit nicht ausreichen, um falsche Lehrer als solche zu bezeichnen, was dann? Glauben wir denn der Schrift wirklich, wenn sie sagt, dass in der Endzeit immer mehr falsche Lehrer auftreten werden und nicht immer weniger? Warum fällt es uns so schwer, die Dinge zu beurteilen und etwas Irrlehre zu nennen, wenn es von der Bibel und der christlichen Lehre klar als solche benannt wird? Glauben wir überhaupt, dass es falsche Lehrer gibt, die wie Wölfe im Schafspelz auftreten, so wie Jesus es sagt? Wer ist ein Antichrist und was ist der Geist des Antichristen? Wenn die Bibel über falsche

---

Jesus zu einer vereinigten, reinen und vollkommenen Braut wiederkommen. Joels Armee wird die Erde mitsamt ihren kulturellen Sphären einnehmen (auch bekannt als die 7-Berge-Strategie).

48 Die „7-Berge-Strategie" lehrt, dass die Kirche die Kontrolle über die sieben Hauptsphären des Einflusses in einer Gesellschaft zur Ehre Christi übernehmen muss, damit Jesus wiederkommt. Wenn die Erde dann dem Reich Gottes unterstellt wurde, wird Jesus wiederkommen und die Welt regieren. Die sieben Berge sind laut dieser Lehre 1) Bildung, 2) Religion, 3) Familie, 4) Wirtschaft, 5) Regierung/Militär, 6) Kunst/Unterhaltung, 7) Medien.

Lehrer spricht, was oder wen meint sie dann damit? Und warum behalten sich Paulus und die anderen Autoren des Neuen Testaments die kritischsten Worte überhaupt für falsche Lehre vor? Weil Glaubenssätze und wahre Lehre über Jesus von entscheidender Bedeutung sind. Manche haben darüber ihren Glauben verloren, oder noch schlimmer, sie fördern, dass ein falsches Evangelium, falsche Praktiken und falscher Glaube verbreitet werden: Dinge, die nicht mit dem Glauben des historischen Christentums übereinstimmen. Ich denke, dass die meisten Christen mir darin zustimmen würden, dass jemand, der die oben erwähnten Theologien lehrt, ein falscher Lehrer ist. Zumindest hoffe ich das.

All diese Fragen sollen zu dem Ziel führen, die falsche Theologie aufzudecken, die man in der Lehre dieser Leiter findet, und Menschen davor zu warnen, sich darauf einzulassen. Ich hoffe, dass sich so weniger Menschen von diesen falschen Lehren und dieser zutiefst häretischen Theologie vereinnahmen lassen. Das Positive, das insgesamt in der Bewegung zu finden ist, kann auch woanders ausgelebt werden.

Kapitel-Zusammenfassung

Der Begriff „Irrlehre" bezieht sich auf eine falsche Lehre, also auf eine Lehre, die einfach nicht der Wahrheit entspricht und die dabei so wichtig ist, dass diejenigen, die sie glauben (diese nennt die Kirche Häretiker bzw. Irrlehrer) , als Menschen anzusehen sind, die den Glauben preisgegeben haben.

Ab welchem Punkt sind wir bereit jemanden als falschen Lehrer zu bezeichnen? Gibt es überhaupt so etwas wie falsche Lehrer oder Irrlehre? Wie sollen wir damit umgehen?

Wir sollten jede Lehre mit der gesunden biblischen Lehre vergleichen, wie sie in der Bibel selbst und den alten Glaubensbekenntnissen dargelegt wird.

Geheime Erkenntnisse

Hole tief Luft: Ein Mensch regiert das Universum, Jesus von
Nazareth, Marias Sohn, Gottes Sohn. Er aß Fisch; er war
berührbar und er regiert das Universum!
John Piper [49]

Die Irrlehre der Gnosis, eine Nebenlinie des frühen Christentums, war eine Mischung aus Selbst-Anbetung und Philosophie. In Bezug auf den Glauben wurde in der Gnosis übergroße Betonung auf geheime Erkenntnisse gelegt. Sie wurde daher als häretische Abweichung vom christlichen Glauben bewertet. Irenäus (ca. 130–200 n. Chr.) war der Erste, der sich in seinem Werk *Gegen die Häresien* dieser Lehre ausführlich widmete. Er verfasste es, um dem häretischen Einfluss auf die Christenheit entgegenzuwirken. Harold Brown definiert Gnosis folgendermaßen:

> Die gnostische Position behauptet, dass es neben dem einfachen Evangelium, was alles ist, was die einfachen Geister verstehen können, eine höhere, geheime Erkenntnis gibt, die einer Elite vorbehalten ist. Es ist ganz natürlich, dass Menschen mehr Fragen stellen, als das Evangelium beantwortet; die gnostische Bewegung versuchte, hierauf Antworten zu geben, indem sie sich nichtchristlicher religiöser Quellen

---

49   Predigt: *All Authority in Heaven and Earth*, 8. Oktober 2015

bediente und sie mit Elementen des christlichen Glaubens verschmolz.[50]

Die Gnosis ist besonders zerstörerisch für die Botschaft des Evangeliums, weil sie lehrt, dass es eine „höhere, geheime Erkenntnis gibt, die einer Elite vorbehalten ist". Das widerspricht fundamental dem einfachen Evangelium, wonach jeder, ganz unabhängig von seinem Status in der Welt, durch Jesus Christus den ewigen Gott erkennen, annehmen und ihm vertrauen kann. Die Botschaft des Evangeliums und die Botschaft der Heiligen Schrift richten sich an alle Menschen, nicht nur an eine elitäre Gruppe von Menschen, die die Fähigkeit haben, Geheimnisse zu lüften. Trotz der historischen Beurteilung der Lehre der Gnosis als Häresie besteht ihre Vorstellung von Insider-Geheimnissen bis heute.

Gnostische Elemente schleichen sich an vielen Stellen in die moderne Kirche ein, aber nirgendwo häufiger als in den Bewegungen DW, WDG und NAR. Die gnostischen Elemente sind außerordentlich stark in der Bethel Church in Redding verbreitet. In einem ausführlichen Artikel dokumentiert die Autorin Amanda Winters Praktiken wie Goldstaub (einer Herrlichkeitswolke, gefüllt mit Goldstaub und Gottes Gegenwart), der in ihren Versammlungen erscheint, Engelsfedern (die vom Himmel auf Bill Johnson oder in ihre Versammlungen fallen) und Diamanten, die auf Menschen erscheinen (während intensiver „Thronsaal"-Lobpreisgottesdienste).[51] Johnson selbst dokumentiert diese seltsamen Erscheinungen selbst

---

50 Brown, Harold O. J., *Heresies: The Image of Christ in the Mirror of Heresy and Orthodoxy from the Apostles to the Present* (Garden City: Doubleday, 1984), S. 39

51 *Bethel's ‚signs and wonders' include angel feathers, gold dust and diamonds*, Record Searchlight (abgerufen am 10. April 2016), http://www.redding.com/news/bethels-signs-and-wonders-include-angel-feathers-gold-dust-and-diamonds-ep-377152155-353401081.html. Dieser Artikel ist auf Record Searchlight's Webseite nicht mehr abrufbar, kann aber hier gelesen werden http://www.cerm.info/bible_studies/Apologetics/bethel_church/bethel3.pdf

in seinem Buch *Und der Himmel bricht herein: Wie man ein Leben voller Wunder führt. Ein praktischer Leitfaden.* Darin behauptet er, dass kleine Edelsteine auf Menschen erschienen und dass in ihren Veranstaltungen Engelsfedern fallen. Er sagt, dass sie Dinge erleben wie Lachen, Umfallen und Zittern (im Geist – in anderen Worten „Toronto-Segen"), Goldstaub, Öl- und Herrlichkeitswolken als Zeichen von Gottes Gegenwart.[52] Einen anderen Hinweis auf Gnostizismus finden wir in demselben Buch, in welchem Johnson schreibt: „Ohne Wunder kann es nie eine vollständige Offenbarung Jesu geben."[53] Auf der nächsten Seite deutet Johnson an, dass es keine vollständige Verkündigung des Evangeliums geben kann, wenn keine Wunder geschehen.[54]

Diese Lehre zerstört den Kern des Evangeliums, nämlich dass die Botschaft des Evangeliums von jedem, zu jeder Zeit und an jedem Ort verkündet und verstanden werden kann. In der Botschaft selbst liegt die Kraft, nicht in irgendwelchen besonderen Wundern, Manifestationen oder anderen Insider-Geheimnissen, welche einer christlichen Elite vorbehalten sind.[55] Diese Praktiken sind absolut unbiblisch. Sie werden nicht nur nirgendwo in der Bibel erwähnt, sondern sie erinnern auch eher an Praktiken des New Age, der östlichen Mystik oder, wie ich es nennen würde, der „Neo-Gnosis" (Neue Gnosis). Diese Praktiken sind deshalb so zerstörerisch, weil sie heidnische Praktiken mit dem christlichen Glauben vermischen oder verknüpfen. Die Christenheit hat in der Vergangenheit mit diesen Dingen gerungen und musste sich von solchen „Insider-Geheimnissen" trennen, welche die Gnosis zu besitzen vorgab. Diese alles vermischenden Strömungen der Gnosis wurden von Anfang an als Irrlehre verworfen, und nun schleichen sie sich durch diese

---

52 Bill Johnson, *Und der Himmel bricht herein,* 2007, Vaihingen/Enz: Grain Press

53 Johnson, *Und der Himmel bricht herein,* S. 162

54 Ebd. S. 163

55 Röm 1,16

neuen Bewegungen wieder in das Christentum ein. Bethel und andere haben sich wieder auf skurrile heidnische, okkult anmutende Praktiken eingelassen. Dadurch haben sie eine Art Neo-Gnosis geschaffen. Damit trennen sie sich aber von der gesunden biblischen Lehre, wie es ihre gnostischen Vorgänger auch taten.

Neo-gnostische Praktiken, welche sie „Zeichen und Wunder" nennen, werden in der Bethel Church so oft angewandt, dass sie großen Wert darauf legen, diese Dinge zu dokumentieren: Dinge wie die „Herrlichkeitswolke" und „Goldstaub", fallende Engelsfedern, plötzlich erscheinende Edelsteine, das Heraufbeschwören von Engel-Lichtkugeln, Feuertunnel (hier wird die hinduistische Kundalini-Methode angewandt)[56], im Geist reisen, außerkörperliche Erfahrungen und „Heilungen". Diese seltsamen Dinge sind also nichts, was nur einmal geschehen wäre. Johnson ist stolz darauf, dass diese Dinge regelmäßig bei ihnen geschehen. Ebenso praktizieren sie Prophetie, Teleportation (bei welchen, so wird behauptet, Menschen körperlich durch Portale an andere Orte reisen können, was offensichtlich eine okkulte New Age Praxis ist)[57], außerbiblische Offenbarung, Auferweckung von Toten, charismatische Zungenrede, eintauchendes Gebet, trunkene Herrlichkeit, Visualisierung, „Heiliges" Lachen (Toronto-Segen) und Tierlaute, was alles als Zeichen der Erfüllung mit dem Heiligen Geist gesehen wird. Ich verurteile Zungenrede nicht, wenn sie wie in 1. Korinther 14,26-40 beschrieben angewendet wird, aber viele der Praktiken, welche in der

---

56   *Kundalini*, Wikipedia (abgerufen am 10. April 2016), https://en.wikipedia. org/wiki/Kundalini

57   Für eine gründliche Auseinandersetzung mit dem Okkulten sei auf die Werke von Dr. Kurt Koch verwiesen. Sein Buch *Okkultes ABC* ist eines der besten Bücher zu diesem Thema Koch, Kurt, *Okkultes ABC*, Bibel- und Schriftenmission Dr. Kurt E. Koch e.V.; Auflage: 4., Aufl. 1996. Auch hilfreich ist Kenneth Boa, *World Religions, and the Occult: What They Teach, How to Respond to Them.* (2012, Eugene: Wipf and Stock Publishers), S. 145, 167, 169 (dort werden Teleportation, außerkörperliche Erfahrungen und Spiritismus bei der Kommunikation mit Toten beschrieben).

NAR anwendet werden, wenn sie „im Geist erschlagen" sind, finden nirgendwo in der Bibel Erwähnung.

In Bezug auf Körperreisen an andere Orte durch Teleportation wird argumentiert, dass solche Dinge auch in der Bibel geschehen sind. Das stimmt, aber der Grund dafür war nicht der Wunsch, ein euphorisches Gefühl zu erleben, es wurde nicht aufgrund einer intensiven Lobpreiszeit herbeigeführt – es ging darum, dass das Evangelium eine kulturelle Grenze überwindet. Zum Beispiel wurde Philippus vom Heiligen Geist aufgetragen, das Evangelium einem äthiopischen Hofbeamten zu verkünden.[58] Gleich nachdem der äthiopische Kämmerer getauft worden war, wurde Philippus nach Aschdod „getragen", um dort das Evangelium zu predigen. Gott wollte, dass das Evangelium eine weitere Grenze überschritt. Ein anderes Beispiel für ein besonderes übernatürliches Wirken Gottes ist die Vision von Petrus in Apostelgeschichte 10. Petrus' Vision diente dazu, seine bisherige Überzeugung aufzubrechen, dass das Evangelium nur für Juden galt. Es gab spezifische Gründe dafür, dass Gott seine Macht in der Bibel auf diese Art zeigte.

Solche Dinge geschehen nie nur zu unserem Vergnügen oder um uns zu faszinieren. Es geht um das Evangelium, das Grenzen überwindet und dorthin gebracht wird, wo es niemals zuvor verkündet worden war.

Einige andere NAR-Praktiken sind kontemplativer oder meditativer Art, wobei gelehrt wird, dass wir unseren Geist leeren sollen oder ein Wort der Bibel immer wieder wiederholen sollen. Das ist aber keine christliche Art der Meditation, wie sie im Laufe der Kirchengeschichte immer praktiziert wurde. Für Christen bedeutet Meditation, unseren Geist mit Aussagen der Schrift zu füllen und darüber nachzusinnen. Einige dieser NAR-Praktiken beinhalten „Singsang" (chanting) und „Eintauchen" (soaking), Dinge, die im SOZO-Dienst der Bethel-Schule gelehrt werden. SOZO ist nach

---

58 Apg 8,26ff.

ihrer Webseite[59] das griechische Wort für „gerettet, geheilt und befreit".

Ich kann mich daran erinnern, als eintauchendes, zentrierendes oder kontemplatives Gebet aus dem Toronto-Segen hervorging. John und Carol Arnott haben diese Idee um das Jahr 2005 ins Leben gerufen und sie für andere Gebetszentren weltweit „zertifiziert". Die NAR hat diese Praxis von ganzem Herzen übernommen, sodass nun viele NAR-Gemeinden von der Praxis des kontemplativen, zentrierenden oder eintauchenden Gebets durchdrungen sind. Diese Praktiken haben der Erlösung durch Jesu Blut mystische Erfahrungen hinzugefügt. Wenn wir seine Gnade durch Werke des Glaubens ergänzen – z. B. durch kontemplative oder eintauchende Gebete oder Atemgebet-Techniken, die uns auf eine höhere Ebene der Beziehung mit Gott führen sollen –, dann werten wir die Gnade ab und fallen zurück in einen Glauben, der auf Werken aufbaut. Nur das Blut Christi kann uns in die Gegenwart Gottes führen (Hebr 10,19).

Ich möchte hier ein paar Beobachtungen über diese neuen Gebetsformen weitergeben. Erstens handelt es sich bei eintauchendem/zentrierendem Gebet um eine New-Age- bzw. dem Okkulten ähnliche Praxis[60] und nicht um eine in der Christenheit akzeptierte Praxis. Im Gegenteil, diese Praktiken wurden in der Geschichte oft als Teil gnostischer Mystik zurückgewiesen. Zweitens öffnen diese Praktiken Menschen für alle möglichen geistlichen Mächte, die auch dämonisch beeinflusst sein können. Drittens beschreibt uns das Neue Testament, wie Gottesdienste abliefen. In diesen gottesdienstlichen Ordnungen, an denen wir uns orientieren sollten, findet eintauchendes, zentrierendes oder meditatives Gebet usw. keinerlei Erwähnung. Viertens sollen Christen durchaus auch

---

59   *What is SOZO?* Bethel Sozo (abgerufen am 25. Oktober 2016), http://bethel-sozo.com

60   Boa, Kenneth. 2012. *Cults, World Religions, and the Occult: What They Teach, How to Respond to Them.* (Eugene: Wipf and Stock Publishers). S. 256

meditieren, allerdings nicht in der Form, wie sie beim sogenannten eintauchenden Gebet praktiziert wird: indem man seinen Geist entleert und „Heilige Worte" wie Mantras ausspricht und so Heilung erfährt usw. Christliche Meditation ist vollkommen anders. Uns ist geboten, Gottes Wort in unseren Verstand aufzunehmen, darüber nachzusinnen, zu beten und Gott zu sagen, wie viel er uns bedeutet – das ist Lobpreis (Röm 12,1-2). Der Psalmist zeigt uns, wie christliche Meditation funktioniert, wenn er schreibt: „Glücklich zu preisen ist, wer Verlangen hat nach dem Gesetz des Herrn und darüber nachdenkt Tag und Nacht."[61]

Auch Bill Johnsons Frau Beni praktiziert Neo-Gnosis. Sie benutzt Stimmgabeln für prophetische Akte und glaubt, dass sie zu dem „prophetischen Akt, Engel aufzuwecken" berufen sei. Sie sagt, eine ihrer Freundinnen flippe regelmäßig aus, wenn Engel anwesend sind.[62] Bill und seine Frau Beni haben auch an dem Buch *Die Physik des Himmels* von Judy Franklin und Ellyn Davis mitgewirkt. Bill hat zwei und Beni ein Kapitel beigetragen. In diesem Buch geht es um Themen wie „Die Kraft des Nullpunkt-Feldes" oder „Delphin-Therapie", „In Harmonie mit Gott schwingen" oder „Heilende Energie", „Gute Schwingungen", „Die Gottes-Schwingung", „Engels Begegnungen", „Quanten Mystik", „Geist über Materie", „Magnetfelder spüren" und „Körperfrequenzen des Menschen". Beni Johnson beschreibt in ihrem Kapitel „Fanfarenstoß", wie die Vibrationen des Himmels in die Lobpreis-Zeiten von Christen eingehen können. In dem Buch geht es darum, „die Geheimnisse Gottes zu erforschen, die in Klang, Licht, Vibrationen und Quantenphysik verborgen sind". Die Internetseite, welche das Buch bewirbt, nennt die mitwirkenden Autoren „Seher".[63]

---

61 Ps 1,2 (NGÜ)

62 *Bill Johnson, Jesus Culture and Bethel Church* Shepherd/Guardian (abgerufen am 10. April 2016), https://shepherdguardian.wordpress.com/2013/09/05/heresy-alert-bill-johnsonjesus-culture-and-bethel-church/

63 *Heaven's Physics* (abgerufen am 23. Februar 2017), http://heavensphysics.com/

In einer YouTube-Predigt erzählt Bill Jonson eine Geschichte, in der Mitglieder seiner Kirche an einer Hellseher-Messe in Nordkalifornien teilnahmen. Er berichtet, wie eine Frau aus seiner Gemeinde die Portraits dreier Menschen malte. Sie „drängte sich hinein", wie er es ausdrückte, und fragte den Herrn nach den Namen dieser drei Menschen. Dann schrieb sie die Namen auf die Rückseite der drei Bilder und hängte sie an ihrem „prophetischen Stand" auf der Messe auf. Die entsprechenden Leute kamen zu dem Stand und sahen dort ihr Portrait auf den Bildern, und die Frau, die die Bilder gemalt hatte, prophezeite dann über diese Menschen.[64] Das ist im besten Fall naiv, und im schlimmsten Fall bedeutet es, gemeinsame Sache mit hellseherischen Kräften zu machen. Es scheint jedenfalls gewissen okkulten Wahrsage-Praktiken sehr zu ähneln.[65] Ich könnte es verstehen, wenn man auf eine solche Veranstaltung geht, um dort das Evangelium weiterzugeben oder mit Menschen zu beten. Aber wenn man dort „prophetisch" auftritt, kann das sehr leicht als Wahrsagerei, Seherei oder als Aktivität eines Mediums angesehen werden. Und das ist sehr gefährlich und viel zu nah an den Praktiken der Teilnehmer einer Hellseher-Messe. In Johnsons Geschichte gibt es auch keinerlei Hinweis darauf, dass das, was dort geschehen ist, wirklichen prophetischen Wert gehabt hätte, sondern lediglich, dass die Frau diese Menschen sehen und malen konnte, bevor sie sie traf, was mehr nach Wahrsagerei als nach der biblischen Gabe der Prophetie klingt.

Bill und Beni Johnson waren auch mehrmals in Sid Roths äußerst kontroverser Fernsehsendung „Es ist übernatürlich" zu Gast. In dieser Sendung widmet sich Roth Themen wie Engel-Anbetung und

---

64   *Bill Johnson 2015, Revival Alliance Session E*, YouTube-Video, 2:15:41, eine Predigt von Bill Johnson am 6. April 2015, gepostet von *SkyLine TV* (abgerufen am 10. April 2016), https://www.youtube.com/watch?v=KdYEzolSH-G4&index=4&list=PLCZFj_Ex2zmrGIi8ndK8tpvuNLqP7Iwwm

65   Boa, Kenneth. 2012. *Cults, World Religions, and the Occult: What They Teach, How to Respond to Them.* (Eugene: Wipf and Stock Publishers). S.167-169

-Begegnungen, Teleportation, Himmelstourismus, dem Lauschen von Gesprächen innerhalb der Dreieinigkeit, der Bibel-Code-Kontroverse, in die unsichtbare Geistwelt sehen, Traum-Interpretation und Blutmond-Prophezeiungen.[66] Im besten Fall handelt es sich dabei um einen Mangel an geistlichem Urteilsvermögen seitens Bill Johnsons. Aber aufgrund des dokumentierten Musters in ihrem Dienst – sich grenzenlos auf übernatürliche Sphären einzulassen – ist es wahrscheinlicher, dass er und seine Frau im Bunde mit Roth und dessen Agenda stehen und sich, koste es, was wolle, Zutritt zur übernatürlichen Welt verschaffen, ganz egal, ob es biblisch ist oder nicht.

---

66 *Sid Roth's Television: It's Supernatural! & Messianic Vision* (abgerufen am 15. Juni 2016), http://sidroth.org/television/tv-archives

Kapitel-Zusammenfassung

Die Lehre der Gnosis bestand aus einer Mischung von Selbst-Anbetung und Philosophie. Sie war ein häretischer Ableger des frühen Christentums, in dem größter Wert auf geheime Erkenntnisse gelegt wurde. Die NAR hat den Gnostizismus wiederbelebt, was ich als Neo-Gnosis bezeichne. Dort geschehen Dinge wie Umfallen, Zittern, Prophezeiung (Wahrsagerei), Teleportation, außerbiblische Offenbarung, Totenauferweckungen, Zungenrede, eintauchendes oder zentrierendes Gebet, trunkene Herrlichkeit, Visualisierung, „heiliges" Lachen, Tierlaute als Zeichen der Erfüllung mit dem Heiligen Geist, Heraufbeschwören von Engel-Lichtkugeln, Feuertunnel, Geist-Reisen oder außerkörperliche Erfahrungen, Engelsanbetung, Himmels-Tourismus, Traum-Interpretation und Heilungen. NAR-Gemeinden berichten außerdem von Phänomenen wie Goldstaub, Herrlichkeitswolken, Engelsfedern und Edelsteinen, die auf Menschen erschienen sind.

An Okkultismus grenzender Mischmasch

Denn wenn es auch sogenannte Götter gibt im Himmel oder
auf Erden – wie es ja viele Götter und viele Herren gibt -, so
ist doch für uns ein Gott, der Vater, von dem alle Dinge sind
und wir auf ihn hin, und ein Herr, Jesus Christus, durch den
alle Dinge sind und wir durch ihn.
1. Korinther 8,5-6

Synkretismus bedeutet Religionsvermischung. In unsrem Fall ist es die Vermischung des christlichen Glaubens mit mystischen Praktiken, die dem biblischen Glauben fremd sind. Sie stammen aus dem Bereich des New Age oder Okkultismus. Wenn eine Bewegung Erfahrungen über die gesunde orthodoxe Lehre stellt, besteht die Gefahr, dass sie dem Synkretismus anheimfällt. Das passiert häufig, wenn missionarische Bewegungen sich für heidnische Praktiken öffnen. Dass ein solcher Synkretismus bei Bethel am Werk ist, kann durch mehrere Dokumentationen und Bethels You-Tube-Kanal festgestellt werden.[67] Wie bereits im vorherigen Kapitel erwähnt wurde, gibt Bill Johnson offen zu, dass bei ihnen Dinge

---

67   *Glory Cloud @ Bethel*, YouTube Video, 03:08, eine Zusammenstellung des Phänomens der *Herrlichkeitswolke* in der Bethel Church in Redding, CA vom 19. Dezember 2011, geposted von „Bethel.TV Redding" (abgerufen am 10. April 2016), https://www.youtube.com/watch?v=lvJMPccZR2Y

praktiziert werden wie Feuertunnel, Goldstaub, fallende Engelsfedern (von denen er sagt, sie fallen seit vielen Jahren auf ihn persönlich und in ihren Versammlungen). In dem Videoclip „Response to Glory Cloud at Bethel" erklärt er detailliert, was diesbezüglich bei Bethel geschieht und dass er sich mehr von solchen Manifestationen wünscht.[68] Und er behauptet, dass Gott diese Manifestationen noch stärker werden lässt.

Auf ähnliche Weise legten viele der frühkirchlichen gnostischen Bewegungen einen sehr hohen Stellenwert auf immer intensivere Gotteserfahrung, auf Kosten solider biblisch-orthodoxer Lehre. Gleichermaßen legen Bethel und Johnson sehr hohen Wert auf Erfahrung, auch wenn sie auf Kosten der gesunden Lehre geht. Dies sind nur ein paar Beispiele der Praktiken, die bei Bethel und der NAR angewandt werden. Wir wollen uns nun die Lehre selbst anschauen, die unter gnostischen Synkretismus fällt.

Bill Johnson sagt, es gäbe eine besondere Art der Geistlichkeit, eine Art Insider-Intimität mit Gott:

> In Johannes, Kapitel 3 stand Jesus vor seinen Jüngern und vor Nikodemus und sagte Folgendes: „Und niemand ist HINAUFGESTIEGEN in den Himmel als nur der, der aus dem Himmel herabgestiegen ist" (Joh 3,13). Das war nun vor seinem Tod, vor seiner Auferstehung; er hat hier also einen Lebensstil der Intimität mit dem Vater beschrieben. Obwohl er also auf der Erde war, war er in seiner Beziehung zu Gott in himmlische Welten hinaufgestiegen. Der Punkt hier ist, dass das eine Einladung an jeden Gläubigen ist ...[69]

---

68 *Response to Glory Cloud at Bethel*, YouTube-Video, 14:17, 22. Oktober 2011, gepostet von *pastorkimo4960* (abgerufen am 10. April 2016), https://www.youtube.com/watch?v=tcPkOR4Lwj0

69 Johnson, Bill, *Thinking from the Throne*. Bethel Podcast. Podcast Audio, 9. Juni 2013. http://podcasts.ibethel.org/en/podcasts/thinking-from-the-throne

Johnsons neo-gnostische Lehre geht allerdings noch um einiges weiter, wenn er beschreibt, wie den Gläubigen, oder wie er sagt: den „den Regeln des Reiches Gottes Gehorchenden", eine besondere Spiritualität verliehen wird.

> Das ist es, woran ich glaube – Ich weiß, es ist noch nie geschehen, aber ich weiß, dass es vor dem Ende geschehen muss. Es bedarf nicht nur Einzelner – ich bin sehr dankbar, dass einzelne Personen mit solcher Salbung, solcher Kraft aufstehen. Wir haben Menschen, über den ganzen Planeten verteilt, die auf eine gute Art und Weise alles durcheinanderwirbeln. Wir sind dadurch sehr ermutigt. Aber woran ich glaube, ist eine Generation – eine Generation, die sich erhebt, um mit einem gemeinsamen Glauben, einer gemeinsamen Salbung in andere Sphären vorzudringen. Denn ich bin überzeugt, dass Gott, wie viel Salbung er auch auf einen William Branham oder eine Kathryn Kuhlman oder einen Wigglesworth gelegt hat, eine noch viel größere Salbung auf eine Gruppe von Menschen legen würde, als er je auf einen Einzelnen legte. Dafür brauchen wir einen gemeinschaftlichen Sinn: Wir müssen uns dem Gehorsam gegenüber den Regeln des Reiches Gottes widmen, damit wir die Ressourcen dieses Reiches erschließen können ... Wir können nicht die Prinzipien dieser Welt anwenden und erwarten, dass sich uns so die grenzenlosen Ressourcen des Reiches Gottes erschließen ...[70]

Nach dieser Sicht gibt es einen besonderen Weg, um sich die grenzenlosen Ressourcen des Reiches Gottes zugänglich zu machen,

---

70 *The Real Jesus – Part 4 – by Bill Johnson*, YouTube-Video, 14:52, 2. September 2010, gepostet von *ChasingRiver* (abgerufen am 10. April 2016), https://www. youtube.com/watch?v=vHcRI60j0HI

genau wie es die Gnosis von Beginn an lehrte. Das ist deshalb so gefährlich, weil die Bibel klar lehrt, dass jeder allein durch Jesus Christus Zugang zu Gott hat. Er ist unser einziger Mittler zu Gott – nicht eine besondere Salbung oder ein gemeinschaftlicher Gehorsam gegenüber den Regeln seines Reiches oder was auch immer. In Christus haben wir bereits alles, was wir brauchen, weil uns seine göttliche Kraft alles gegeben hat, was wir brauchen, um ein gottgefälliges Leben zu führen.[71]

Es ist Johnson und dem NAR-Lager zu Gute zu halten, dass sie an einen großen Gott glauben und dies auch lehren. Ich glaube, dass sie diese Erkenntnis der unbeschränkten Größe Gottes unberechtigt ausweiten auf die Art und Weise, wie wir Zugang zu ihm und zur göttlichen Welt bekommen. Aufgrund meines Studiums dieser Bewegungen bin ich zu dem Schluss gekommen, dass sie an einen Gott glauben, der souverän über die gesamte übernatürliche Welt herrscht, was auch wahr ist. Allerdings folgern sie daraus, dass das bedeuten muss, dass er auch souverän über jede mögliche übernatürliche Praxis herrscht, einschließlich magischer und okkulter Praktiken. Ich vermute, dass sie den Wunsch haben, die Praktiken „zurückzuerobern", die uns Zugang zur übernatürlichen Welt verschaffen können. Mit anderen Worten, sie streben danach, die mystischen Praktiken zurückzuerobern, von denen sie glauben, dass sie der Kirche gestohlen wurden. Das steht allerdings im Widerspruch zum biblischen Christentum. Gott verbietet in der Bibel ausdrücklich alle okkulten, mystischen oder New-Age-Praktiken. Sie sind unmissverständlich tabu für Menschen, die Jesus als ihren Herrn bekennen.

Die richtige biblische Sichtweise ist, dass Gott souveräner Herr über jegliche übernatürliche Praktik ist und dass die Götter, die in anderen Religionen früher angebetet wurden oder heute angebetet werden, überhaupt keine Götter sind, sondern vom Herrn der

---

71   1Jo 2,1; Hebr 12,24; 9,15.24-28; 5,1-10; 4,14-16; Eph 2,13; 1Tim 2,5; 2Petr 1,3

himmlischen Heerscharen regiert werden. Apostelgeschichte 19 ist ein perfektes Beispiel für den Schnittpunkt der beiden übernatürlichen Mächte. Dort lesen wir, wie Gläubige, die sich zu Christus bekehrt hatten, ihre magischen Zauberbücher zusammentrugen und sie vor aller Augen verbrannten. Der Wert der Bücher betrug 30 000 Silberstücke. Das waren wahrscheinlich 10 000–20 000 Euro, je nachdem, welchen Wert der Drachme man zugrunde legt. Als Ergebnis dieser Bücherverbrennung breitete sich das Wort Gottes aus. Dieses Ereignis blieb in Ephesus ganz bestimmt lange in Erinnerung. Es war das Zeugnis einer echten Überführung der Zauberer und Magier durch den Heiligen Geist. Und es war ein bemerkenswerter Sieg Jesu Christi über die Mächte der Finsternis. Das Werk des Bösen wurde der Verachtung preisgegeben. Sie vernichteten diese Bücher vollständig, damit sie nie wieder in Versuchung kommen konnten, sie zu benutzen. Diese Zauberer, die sich zu Jesus bekehrt hatten, waren nicht der Ansicht, dass sie die Magie ihrer Zauberbücher nun für ihren christlichen Glauben einsetzen konnten. Sie erkannten, dass nun Gottes Wort das einzige Gesetz war, nach dem sie fortan leben sollten, und dass sein Wort und er selbst souverän über jede übernatürliche Praktik sind. Wir sollten von dieser Geschichte lernen, dass wir Praktiken, welche die Bibel verbietet, meiden müssen. Meiner Meinung nach sind viele Praktiken der NAR nichtchristlichen Ursprungs und viel zu nahe am gefährlichen Synkretismus.

Kapitel-Zusammenfassung

Synkretismus ist die Vermischung des christlichen Glaubens mit mystischen, okkulten oder New-Age-Praktiken, die dem biblischen Glauben fremd sind. Die Bibel verbietet ausdrücklich jegliche mystische, okkulte oder New-Age-Praktik und was immer sonst noch außerhalb der Anbetung des einzig wahren Gottes liegt. Die NAR und viele ihrer Leiter haben solche Praktiken mit dem christlichen Glauben vermischt. Die Neubekehrten in Apostelgeschichte 19 sind ein leuchtendes Beispiel dafür, wie wir mit Magie, Zauberei und anderen Praktiken umgehen sollen, die dem christlichen Glauben fremd sind.

Insider-Geheimnisse
des Königreichs

*Es gibt keine Insider-Geheimnisse des Glaubens. Man muss
sich nicht in irgendetwas Verborgenes „hineindrängen",
um etwas herauszufinden. Ihnen ist durch Jesus vergeben.
Er ist Ihr Mittler vor Gott. Gott vergibt uns aus Gnade
durch Glauben, weil Jesus unser Mittler war, ist und bis
in Ewigkeit unser Mittler sein wird.*

Eine andere Lehre, die unter die Kategorie Gnosis fällt, ist,
was Johnson „eifersüchtig seine Gegenwart hüten" nennt. Er
lehrt, dass wir selbst das Maß der Gegenwart des Herrn bestimmen,
zu welcher wir Zugang haben. In seinem Blog schreibt er:

Wenn wir beginnen, die Gegenwart des Herrn zu beherbergen, nehmen wir eine Spannung zwischen zwei Realitäten
wahr – dass er (Gott) uns zwar in grenzenlosem Maß gegeben wurde, doch dass wir selbst die Grenzen dieses Maßes
setzen. Auch wenn alle Begrenzungen des Maßes an unserem Ende der Gleichung aufgestellt werden, können wir seine Gegenwart in dem Maß erfahren, wie wir bereit sind, sie
eifersüchtig zu hüten. Was immer du bereit bist, eifersüchtig
zu hüten, das bestimmt das Maß, welches du beständig haben wirst. Jedes Maß im Reich Gottes existiert, damit wir

einer Steigerung nachjagen. Das ganze Reich Gottes ist auf diesem Prinzip aufgebaut: Der treue Gebrauch dessen, was dir gegeben wurde, qualifiziert dich für mehr.[72]

Dieses „eifersüchtige Hüten der Gegenwart Gottes" ist die geheime Formel, um mehr von der Gegenwart Gottes zu bekommen. Ist das auch nur annähernd biblisch? Absolut nicht! Gott selbst, und nicht etwa ein Mensch, hat die Kontrolle über seine Herrlichkeit, Gegenwart und Offenbarung. Wie es in Kolosser 3,3-4 heißt: „Denn ihr seid gestorben, und euer Leben ist verborgen mit dem Christus in Gott. Wenn der Christus, euer Leben, offenbart werden wird, dann werdet auch ihr mit ihm offenbart werden in Herrlichkeit." Jesus ist das exakte Abbild von Gottes Herrlichkeit, und wenn man Jesus hat, dann hat man allen Zugang zur vielfältigen Herrlichkeit Gottes, den man braucht. Es gibt keine geheime Formel, die die Herrlichkeit schützt. Gott hat es auch nicht nötig, dass wir seine Herrlichkeit schützen oder eifersüchtig hüten, vielmehr erlaubt er uns Zugang zu Gott durch Jesus Christus, und nur durch Jesus Christus wird seine Herrlichkeit offenbart.

Johnson lehrt außerdem, was er eine „gemeinsame Thronsaalerfahrung" nennt. Diese sei notwendig, um mehr als jemals zuvor von Jesus zu erfahren.

Die gesamte Kirche wird namentlich durch dieses Buch eine neue Offenbarung von Jesus Christus empfangen … Und jene Offenbarung führt die Gemeinde in einen Umbruch, wie sie ihn noch nie zuvor erlebt hat. Warum? *Weil wir Ihm gleich sein werden, wenn wir Ihn sehen, wie Er ist!* Wenn die Offenbarung Jesu Christi der primäre Fokus ist, dann werden wir zugeben müssen, dass die zentrale Antwort darauf

---

72 Johnson, Bill, *Hosting His Presence*, 14. Januar, 2013 (abgerufen am 10. April 2016), http://bjm.org/hosting-his-presence

Anbetung sein muss. Man wird die bevorstehende Zunahme der Christusoffenbarung an den neuen Dimensionen der Anbetung messen können – den gemeinsamen Thronsaalerfahrungen.[73]

Gemeinsame Erfahrungen sind in der Tat für uns Christen notwendig. Das ganze Neue Testament ist voll von gemeinschaftlichem Christentum. Trotzdem ist es für die christliche Gemeinschaft überhaupt nicht nötig, in seinen Thronsaal zu treten. Diese „gemeinsamen Thronsaalerfahrungen" stehen in direktem Widerspruch zu Hebräer 4,14-16. Dort lesen wir, dass jeder Gläubige durch Jesus Christus direkten Zugang zu seinem Thron hat, einem Thron der Gnade und Barmherzigkeit.

Da wir nun einen großen Hohenpriester haben, der durch die Himmel gegangen ist, Jesus, den Sohn Gottes, so lasst uns das Bekenntnis festhalten! Denn wir haben nicht einen Hohenpriester, der nicht Mitleid haben könnte mit unseren Schwachheiten, sondern der in allem in gleicher Weise wie wir versucht worden ist, doch ohne Sünde. Lasst uns nun mit Freimütigkeit hinzutreten zum Thron der Gnade, damit wir Barmherzigkeit empfangen und Gnade finden zur rechtzeitigen Hilfe![74]

---

73   Johnson, Bill, *Und Der Himmel bricht herein*, S. 240-241
74   Hebr 4,14-16

Kapitel-Zusammenfassung

Wir haben durch Jesus Christus Zugang zu Gott und nur durch Jesus Christus allein wird uns Gottes Herrlichkeit offenbart (Kol 2,9; 3,3-4; Hebr 4,14-16).

Das „eifersüchtige Hüten seiner Gegenwart" ist eine NAR-Lehre, die besagt, dass wir selbst das Maß bestimmen, inwieweit wir Zugang zur Gegenwart des Herrn haben.

Bizarre Praktiken

*Wenn in einer Lehre Häresie gefunden wird, ist es ein
sehr gefährlicher Ratschlag, das Gute zu behalten und das
Schlechte zu verwerfen, denn die Wurzel der Häresie wird
die Frucht beeinflussen.*

Diese bizarren Praktiken scheinen endlos weiterzugehen und immer tiefer zu reichen. Anscheinend werden sie ungehindert ausgeübt oder zumindest durch die Leiter nicht eingeschränkt. Es sieht vielmehr so aus, dass zu diesen sonderbaren, neo-gnostischen Praktiken sogar ermutigt wird. Innerhalb dieser Bewegungen werden Emotionen bis zum Rausch aufgepeitscht. Vieles in den Bewegungen der WDG, DW[75] und NAR ist außer Kontrolle geraten.

Als eine der vielen eigenartigen gnostischen „Insider-Geheimnisse des Reiches Gottes"-Lehren praktiziert Johnson mit seinen Mitarbeitern das sogenannte „Grabsaugen". Auf der kritischen Internetseite „Youth Apologetics Training" wird diese Praktik beschrieben als „der Glaube und die Praktik, die vermeintliche Kraft des Heiligen Geistes aus den toten Knochen eines verstorbenen,

---

75   Die „Dritte Welle des Heiligen Geistes" ist aus der Gemeindeaufbau-Bewegung um 1980 hervorgegangen. Hier wird u. a. behauptet, dass Gemeinden dann am stärksten wachsen, wenn übernatürliche Zeichen und Wunder geschehen.

gesalbten Gläubigen zu ziehen".[76] In einem Video ist der oben erwähnte Evangelist Ben Fitzgerald zu sehen (ein Mitarbeiter Johnsons und Pastor in Bethel, der unter anderem das Stadion-Event 2016 in Freiburg mitorganisierte[77]), wie er zu den Gräbern früherer Erweckungsprediger pilgert und versucht, die Salbung des Heiligen Geistes aus diesen Gräbern zu erlangen.[78]

Wäre dies das einzig Bizarre, was die Gefolgsleute Johnsons praktizierten, wäre das schon genug. Meiner Meinung nach wäre allein dieser Vorfall ausreichend, um ihn als Irrlehrer zu bezeichnen. Es gibt keinen Hinweis auf Reue über oder Abkehr von diesen Praktiken, sondern es scheint, dass Johnson und seine Frau noch tiefer darin involviert sind.[79]

Den Geist von Toten heraufzubeschwören wird in der Bibel eindeutig verboten. Diese Praktik nennt man Totenbeschwörung. Dabei wird der Geist eines Toten angerufen mit dem Ziel, auf magische Weise die Zukunft zu offenbaren, den Lauf der Dinge zu beeinflussen (Krankheit, Tod, Unglück) oder dem Beschwörer Nutzen zu bringen.

Folgende und viele weitere Bibelstellen verbieten und verdammen diese Praktik aufs Schärfste: 3. Mose 19,26.31; 20,6; 5. Mose 18,10; Galater 5,19-20; Apostelgeschichte 19,19; 1. Johannes 4,1. Auch die Totenbeschwörung von König Saul in 1. Samuel 28 wird verurteilt. Der bereits verstorbene Samuel spricht das Urteil über

---

76 Boehm, Michael, *What is Grave-Sucking?*, Youth Apologetics Training (13. Februar 2014, abgerufen am 20. April 2016), http://youthapologeticstraining. com/grave-sucking

77 *Stadion Event* (abgerufen am 20. April 2016), http://www.stadion-freiburg. com/#!programm/cn9a

78 *Bethel Church Soaking up the „anointing" of dead men, or Grave Sucking*, You-Tube video, 05:44, eine Beschreibung vom Grabsaugen am 8. Dezember 2011, gepostet von *raideragent* (abgerufen am 20. April 2016), 2016, https:// www.youtube.com/watch?v=LrHPTs8cLls

79 Johnson, Beni, Twitter-Post. 28. Oktober 2013, 12:01 pm (abgerufen am 20. April 2016), https://twitter.com/prayfor5/status/394901670402228224

Saul dafür, dass er seinen Geist von der Hexe von Endor heraufbeschwören ließ. Er rügt Saul für seinen Ungehorsam Gott gegenüber,
weil er die Dienste eines Mediums in Anspruch genommen hat.[80]

Durch die ganze Bibel hindurch sehen wir, dass Gott diese Praktik als Gräuel verurteilt und hasst. Warum? Gott verbietet sie, weil
wir sonst mehr Wert auf das Wort (oder in diesem Fall die Salbung)
eines Geistes legen würden als auf das Wort Gottes. Jesus ist genug,
und sein Wort ist genug. Aus diesem Grund scheint mir Ben Fitzgerald, der eng mit Bethel und der NAR verbunden ist, klar ein Irrlehrer zu sein. Wenn Sie vorhaben, an *Awakening*-Erweckungs-Ver-
anstaltungen in Europa teilzunehmen, dann überdenken Sie ihre
Teilnahme doch noch einmal im Licht dieser Information. Sie
könnten unbeabsichtigt von diesen Praktiken und dieser Theologie
beeinflusst werden.

---

80   Siehe auch 1Chr 10,13-14.

Kapitel-Zusammenfassung

Bei Totenbeschwörung wird der Geist eines Toten angerufen mit dem Ziel, dass dieser auf magische Weise die Zukunft offenbart, den Lauf der Dinge beeinflusst oder dem Beschwörer Nutzen bringt. Diese Praktik wird in der Bibel strengstens verboten (3Mo 19,26.31; 20,6; 5Mo 18,10; Gal 5,19-20; Apg 19,19; 1Jo 4,1).

Innerhalb der NAR wird auch von Seiten der Leiter sogenanntes „Grabsaugen" praktiziert. Das ist der Glaube und die Praktik, die vermeintliche Kraft des Heiligen Geistes aus den toten Knochen eines verstorbenen, gesalbten Gläubigen zu ziehen.

Christologische Irrlehren: Als Sohn Gottes adoptiert?

Nachdem Gott vielfältig und auf vielerlei Weise ehemals zu den Vätern geredet hat in den Propheten, hat er am Ende dieser Tage zu uns geredet im Sohn, den er zum Erben aller Dinge eingesetzt hat, durch den er auch die Welten gemacht hat; er, der Ausstrahlung seiner Herrlichkeit und Abdruck seines Wesens ist und alle Dinge durch das Wort seiner Macht trägt, hat sich, nachdem er die Reinigung von den Sünden bewirkt hat, zur Rechten der Majestät in der Höhe gesetzt.

Hebräer 1,1-3

Wenden wir uns nun den besonders wichtigen Lehren über die Natur Christi zu. Christologie ist die Lehre über das Wesen und das Werk Christi. Die erste christologische Irrlehre, die ich thematisieren werde, ist *Adoptianismus. Adoptianismus* ist die Sichtweise, dass „Jesus als ein bloßer Mensch (nicht göttlich) geboren wurde, äußerst tugendhaft war und dass er später durch das Herabkommen des Geistes auf ihn als ‚Sohn Gottes' adoptiert wurde."[81]

---

81   *List of Christian Heresies,* Wikipedia (abgerufen am 20. April 2016), https://en.wikipedia.org/wiki/List_of_Christian_heresies

Diese Lehre ist auch unter dem Namen *Dynamischer Monarchianismus* bekannt.[82] Bill Johnson und viele andere WDG-, NAR- und DW-Lehrer glauben und lehren diese Sichtweise. Bill Johnson sagte: „Er wurde von Maria das erste Mal geboren und durch die Auferstehung das zweite Mal. Er wurde ‚wiedergeboren'."[83] Im Jahr 2009 sagte Bill Johnson in einer Predigt: „Wusstet ihr, dass Jesus wiedergeboren wurde? Ich stellte die Frage im ersten Gottesdienst, und die Leute haben es verneint. Aber ich werde es euch zeigen. Es steht in der Bibel. Er musste wiedergeboren werden. Er wurde zur Sünde."[84] Außerdem schrieb Johnson in seinem einflussreichen Buch *Und der Himmel bricht herein:* „Jesus verbrachte Sein irdisches Leben in menschlicher Begrenztheit. Er legte seine Göttlichkeit ab (vgl. Phil 2,5-7) … Mit der Salbung verlieh ihm der Vater das nötige Rüstzeug, um die menschliche Begrenztheit überwinden zu können."[85] Im selben Buch schreibt er:

Jesus Christus sagte von sich: „Der Sohn kann nichts von sich selbst tun" (Joh 5,19). Im Griechischen hat das Wort „nichts" eine ganz eigene Bedeutung — nämlich *Nichts*, wie im Deutschen auch! *Er besaß **keine** wie auch immer gearteten übernatürlichen Fähigkeiten! … Zeichen und Wunder* vollbrachte er als ein Mensch, der mit Gott in der richtigen Beziehung stand … nicht als Gott.[86]

---

82   Kelly, J. N. D., *Early Christian Doctrines* (New York: Harper, 1959), S. 115f.

83   *Bill Johnson False Teacher*, YouTube-Video, 04:54, zwei Audioaufnahmen von Bill Johnson von Bethel Church in Redding, CA vom 19. August 2010, gepostet von *raideragent* (abgerufen am 20. April 2016), https://www.youtube.com/watch?v=UzAwFYKe3h0

84   Ebd., 03:40

85   Johnson, Bill, *Und der Himmel bricht herein*, S. 99

86   Ebd., S. 56-57

Auch in Johnsons Buch *Neues Denken – neue Vollmacht* kann man wieder solche christologischen Irrtümer bezüglich des Adoptianismus finden:

> Jesus hatte nicht die Fähigkeit, Kranke zu heilen. Er konnte keine Dämonen austreiben und er besaß nicht die Fähigkeit, Tote aufzuerwecken. Er sagte in Johannes 5,19 von sich selbst: „Der Sohn kann nichts von sich selbst tun." Er hatte seine Göttlichkeit abgelegt ... Er legte sich selbst Beschränkungen auf, um uns zu zeigen, dass wir es auch tun könnten. Jesus entäußerte sich so sehr, dass er nicht in der Lage war, das zu tun, was vom Vater von ihm verlangt wurde – ohne die Hilfe des Vaters. [87]

Diese Aussagen Johnsons sind viel zu nah am Adoptianismus, und der ist höchst gefährlich, weil er die Göttlichkeit Jesu leugnet. Der Sohn war immer Gott, er hat nie aufgehört, Gott zu sein, als er auf der Erde war, und er wird in alle Ewigkeit niemals aufhören, Gott zu sein. Etwas anderes zu behaupten bedeutet, den grundlegendsten christlichen Lehrsatz zu leugnen, nämlich dass Jesus Christus der präexistente und ewige Sohn Gottes ist. Die Beweislast liegt bei Johnson, seine Aussagen zu klären und zu bestätigen, dass er tatsächlich daran glaubt, dass Jesus von Ewigkeit zu Ewigkeit der Sohn Gottes ist und seine Göttlichkeit bei der Inkarnation nicht ablegte. Ich habe nach Aussagen Johnsons gesucht, in denen er diese Aussagen widerruft. Meines Wissens ist das allerdings nicht der Fall. Es sieht so aus, als glaubte er wirklich, dass Jesus seine Göttlichkeit abgelegt hat. Alles, was ich gelesen habe, und unzählige Predigten und Online-Materialen weisen darauf hin, dass er wirklich glaubt, dass Jesus für eine gewisse Zeit auf der Erde nicht Gott war.

---

87   Johnson, Bill, *Neues Denken, neue Vollmacht*, S. 56-57

Kapitel-Zusammenfassung

Adoptianismus ist die Sichtweise, dass Jesus als ein bloßer Mensch (nicht göttlich) geboren wurde, äußerst tugendhaft war und dass er später durch das Herabkommen des Geistes auf ihn als ‚Sohn Gottes‘ adoptiert wurde. Diese Lehre ist auch unter dem Namen *Dynamischer Monarchianismus* bekannt.

Bill Johnson und viele andere NAR-Leiter lehren, dass Jesus durch seine Auferstehung „wiedergeboren" wurde. Johnson lehrt außerdem, Jesus habe seine Göttlichkeit als Mensch abgelegt.

Christologische Irrlehren: Gab er seine Göttlichkeit auf?

*Die Lehre, also der Inhalt deines Glaubens, ist wichtiger,
als eine großartige Vision zu haben, sogar wichtiger, als
großartige christliche Erfahrungen, weil man sein Handeln
mehr nach dem ausrichtet, was man glaubt, als nach dem,
was man sich vorstellen kann.*

Dass Johnson die Sichtweise des Adoptianismus vertritt, ist an sich schon schlimm genug. Doch auch weitere seiner Ansichten widersprechen historisch-theologisch orthodoxen Positionen, und zwar was die *Kenosis* und die Göttlichkeit Jesu angeht. *Arianismus* ist eine frühe Irrlehre, die im 2. und 3. Jahrhundert von Arius propagiert wurde. Arius wurde auf dem ersten Konzil von Nizäa zum Häretiker erklärt. Arius lehrte, dass Jesu Göttlichkeit verschiedene Formen annahm. Insbesondere lehrte er, dass der Vater Jesus Christus erschaffen hat, dass Jesus einen Anfang hatte, und dass sein Titel „Sohn Gottes" ein Ehrentitel sei.[88] Das steht unmissverständlich im Gegensatz zur rechtgläubigen Sichtweise der Präexistenz Christi.

Johnson schreibt in seinem Buch *Und der Himmel bricht herein:* „Zeichen und Wunder vollbrachte er (Jesus) als ein Mensch, der mit Gott in der richtigen Beziehung stand ... nicht als Gott. Hätte

---

88   Kelly, J. N. D., *Early Christian Doctrines* (New York: Harper, 1959), S. 227f.

er sie in seiner Eigenschaft als Gott vollbracht, wären sie für uns unerreichbar."[89] Das bedeutet nicht, dass Bill Johnson und andere WDG-, NAR- oder DW-Leiter Arianer sind. Aber dieses Zitat und andere Lehren innerhalb dieser Bewegung sind sehr nahe am Arianismus. Zumindest lehren Johnson und seine Mitstreiter, dass Jesus auf gewisse Weise nicht Gott oder präexistent war, was der rechtgläubigen christlichen Sicht widerspricht.

In gleicher Weise lehren Johnson und andere Bethel-Pastoren und Mitarbeiter eine gefährliche Sichtweise, die *Kenosis* genannt wird. Dieses Wort leitet sich von dem griechischen Wort κενόω (keno-o) ab und bedeutet entleeren (bildlich gesprochen), erniedrigen, neutralisieren, verfälschen, außer Kraft setzen, ohne Ansehen sein, unwirksam, vergeblich sein.[90] In Philipper 2,7 wird dieser Begriff in Bezug auf Jesus und seine Inkarnation gebraucht. Er „entäußerte sich selbst", „machte sich selbst zu nichts", „verzichtete auf alle seine Vorrechte". Was Paulus mit Philipper 2,7 sagen will, ist, dass Jesus seine göttlichen Rechte, Privilegien und Vorrechte ablegte, aber niemals seine Göttlichkeit selbst. Die allgemein akzeptierte Ansicht dazu ist, dass Jesus sich seiner Ansprüche, die ihm als Gott allein zustehen, entäußerte; als Beispiel für uns, wie wir unser Leben in Demut führen können. Kolosser 1,15-20 führt weiter aus, wer Jesus Christus als vollkommener Gott und vollkommener Mensch in einer Person war. In Kolosser 1,19 steht: „Denn es gefiel der ganzen Fülle (der Gottheit), in ihm zu wohnen."[91] Kenneth Copeland, einer der WDG-Vorgänger der NAR, ist bekannt dafür, ein Kenosis-Verständnis zu lehren, nach dem Jesus sich seiner Göttlichkeit entäußerte, als er auf der Erde war, um uns damit

---

89   Johnson, Bill, *Und der Himmel bricht herein*, S. 33

90   Thomas, Robert L., *New American Standard Exhaustive Concordance of the Bible: Including Hebrew-Aramaic and Greek Dictionaries* (Holman Bible Pub, 1981)

91   Kol 1,15-20

ein Beispiel zu geben, wie wir in rechter Beziehung zu Gott leben können. Copeland sagt:

> Christen glauben fälschlicherweise, dass Jesus deshalb in der Lage war, Zeichen und Wunder zu wirken und sündlos zu leben, weil er göttliche Macht hatte, die wir nicht haben. Deshalb streben sie auch nicht wirklich danach, so zu leben, wie er lebte. Sie verstehen nicht, dass Jesus diesen Vorteil freiwillig aufgab, als er auf die Erde kam und sein Leben hier nicht als Gott, sondern als Mensch lebte. Er hatte keine innewohnenden übernatürlichen Kräfte. Er war bis zu seiner Salbung mit dem Heiligen Geist, wie sie uns in Lukas 3,22 geschildert wird, unfähig, Wunder zu wirken. Er wirkte als ein vom Heiligen Geist gesalbter Mensch.[92]

Johnson und andere NAR-Apostel und -Propheten steigern die Ansichten ihrer WDG-Vorläufer wie Copeland sogar noch. Wie bereits erwähnt bekennt sich Johnson in seinem Buch *Und der Himmel bricht herein* zu derselben Kenosis-Lehre. Johnson schreibt: „Zeichen und Wunder vollbrachte er (Jesus) als ein Mensch, der mit Gott in der richtigen Beziehung stand ... nicht als Gott. Hätte er sie in seiner Eigenschaft als Gott vollbracht, wären sie für uns unerreichbar."[93] Es wäre vielleicht noch nachvollziehbar, wenn Johnson so etwas im Eifer einer emotionalen Predigt gesagt hätte und missverstanden worden wäre, oder wenn er etwas gesagt hätte, was er eigentlich nicht hätte sagen wollen, aber das ist nicht der Fall. Er traf diese Aussage nicht in einer Predigt. Er schrieb sie in einem Buch. Es wurde redigiert und so veröffentlicht. Nicht nur an einer, sondern an mehreren Stellen in diesem Buch sagt er klar, dass Jesus nicht Gott war, und er hat so das völlig falsche Kenosis-Verständnis der WDG-Bewegung bestätigt.

---

92 Horton, Michael Scott, *The Agony of Deceit* (Chicago, IL: Moody, 1990), S. 266

93 Johnson, Bill, *Und der Himmel bricht herein,* S. 33

Kapitel-Zusammenfassung

Der Arianismus lehrt, dass Jesu Göttlichkeit verschiedene Stufen besaß. Insbesondere lehrte Arius, dass der Vater Jesus Christus erschaffen habe, dass er einen Anfang hatte und dass sein Titel „Sohn Gottes" ein Ehrentitel sei.

Die Kenosis-Theologie lehrt, dass Jesus sich während seiner Zeit auf der Erde seiner Göttlichkeit entäußerte und uns damit ein Beispiel gab, wie wir in der rechten Beziehung mit Gott leben können (Kenneth Copeland und WDG-Lehrer).

Bill Johnson und andere NAR-, DW- und WDG-Lehrer lehren, dass Jesus NICHT Gott war oder dass Jesus seine Göttlichkeit auf der Erde ablegte. Sie glauben, dass, wenn Jesus seine Wunder als Gott gewirkt hätte, sie für uns unerreichbar wären.

Christologische und soteriologische Irrlehren: Wofür steht das Kreuz?

Im Sühneopfer steckt mehr Verdienst,
als Verwerflichkeit in aller menschlichen Sünde steckt.
C. H. Spurgeon, „All of Grace"

Der Tod Christi ist Gottes Weisheit. Durch sie rettet
Gottes Liebe Sünder vor dem Zorn Gottes und hält dabei
Gottes Gerechtigkeit aufrecht und demonstriert diese.
John Piper

Soteriologie ist die Lehre von der Erlösung und allem, was dazugehört. Eine der vielen Facetten der Soteriologie ist das Sühneopfer. Es gibt viele verschiedene Theorien und Sichtweisen darüber, was beim Sühneopfer Christi und seinem Tod für die Menschheit am Kreuz geschehen ist: die sozianistische Theorie (das Sühneopfer als Vorbild), die Moralischer-Einfluss-Theorie (das Sühneopfer als eine Demonstration der Liebe Gottes), die Herrschafts-Theorie (das Sühneopfer als eine Demonstration göttlicher Gerechtigkeit), die Erlösungs-Theorie (das Sühneopfer als Sieg über die Kräfte der Sünde und des Bösen) und schließlich die Satisfaktionstheorie (das Sühneopfer als Wiedergutmachung für den Vater).[94]

Ich bekenne mich zur Sichtweise des stellvertretenden Sühneopfers. Der biblische Befund ist überwältigend, dass Jesus durch seinen Tod stellvertretend die Strafe für unsere Sünde auf sich nahm. Römer 3,21-26 erklärt uns sehr viel im Hinblick auf die Vorstellung der „Versöhnung". Römer 5,9 ist die Bibelstelle, die am deutlichsten sagt, dass Jesu Tod den Zorn Gottes gestillt hat. Zusammen mit den folgenden Bibelstellen erhalten wir ein klares Bild darüber, dass der Zorn Gottes nicht über uns kommt, aufgrund dessen, was Jesus am Kreuz vollbracht hat. Die folgenden Stellen geben uns weitere Details über das stellvertretende Sühneopfer und welche Art von Zorn oder Strafe Christus am Kreuz erlitten haben mag: Römer 8,3; 1. Johannes 4,10; Epheser 5,2; Hebräer 2,17; Hebräer 9,26; 1. Johannes 2,2 und 2. Korinther 5,21.

Jesus ertrug den wahrhaft schweren Zorn nicht deshalb, weil Gott der Vater zornig auf Gott den Sohn gewesen wäre. Er hatte immer nur Wohlgefallen an ihm: „Dies ist mein lieber Sohn, an dem ich Wohlgefallen habe."[95] Gott konnte niemals zornig oder unzufrieden mit dem Sohn sein, das genaue Gegenteil ist der Fall. Der Vater war so vollkommen zufrieden mit Jesu Opfer für die Sünden, dass er nun gnädig über unsere Sünden hinwegsehen und sie als abgegolten ansehen kann! Unter Mitwirkung des Heiligen Geistes wurde es möglich, dass alle, die ihm durch Glauben vertrauen, von der Geißel der Sünde befreit werden. Das alttestamentliche Opfersystem ist ein äußerst wichtiger Bezugspunkt für das stellvertretende Sühneopfer. Der Hebräerbrief verbindet Jesu Tod mit dem Opfersystem: „Und fast alle Dinge werden mit Blut gereinigt nach

---

94 Erickson, Millard J., *Christian Theology* (Grand Rapids: Baker Book House, 1998), S. 783-800

95 Mt 3,17; Mt 17,5; 2Petr 1,17; Lk 3,22 (LUT)

dem Gesetz, und ohne Blutvergießen gibt es keine Vergebung."[96] Das alttestamentliche Opfersystem macht deutlich, dass wir einen Stellvertreter für unsere Sünde brauchen. Ich kann mir das kaum vorstellen, wie der ganze Zorn Gottes auf Christus fiel, doch durch das Wort der Versöhnung wissen wir, dass „Gottes Zorn ein Ende fand", wie es der zeitgenössische Choral ausdrückt:

> Das ew'ge Wort, als Mensch geborn. Gott offenbart in einem Kind. Der Herr der Welt, verlacht, verhöhnt und von den seinen abgelehnt. Doch dort am Kreuz, wo Jesus starb und Gottes Zorn ein Ende fand, trug er die Schuld der ganzen Welt. Durch seine Wunden bin ich heil.[97]

Darüber hinaus wird das stellvertretende Sühneopfer in folgenden zwei Bibeltexten klar dargestellt: in Jesaja 53, wo uns klar prophetisch gezeigt wird, dass Jesus die Last unserer Vergehen trug, und in 2. Korinther 5,21, wo wir lesen: „Den, der Sünde nicht kannte, hat er für uns zur Sünde gemacht, damit wir Gottes Gerechtigkeit würden in ihm." Das ganze Opfersystem des Alten Bundes macht deutlich, dass der Mensch einen Stellvertreter für seine Sünde braucht (d. h. ein stellvertretendes Sühneopfer). Es steht außerdem geschrieben: „Ohne Blutvergießen gibt es keine Vergebung."[98] In Christus hat uns Gott einen perfekten Stellvertreter für unsere Sünde geschenkt. Johannes der Täufer drückte es so aus: „Siehe, das Lamm Gottes, das die Sünde der Welt wegnimmt!"[99]

---

96 Hebr 9,22

97 Keith Getty and Stuart Townend, *In Christ Alone*, Getty Music Label, 2006, copyright Getty and Townend 2001, Kingsway Music Thankyou Music, dt. Übersetzung Guido Baltes

98 Hebr 9,22

99 Joh 1,29

Die anderen Sichtweisen über das Sühneopfer haben jedoch auch wertvolle Elemente und Wahrheiten. Ich möchte auch klarstellen, dass das Sühneopfer tiefer, breiter und weiter ist, als wir jemals wissen oder verstehen könnten.[100] Dennoch offenbart uns die Schrift genug, dass wir die tiefen und vollständigen Einzelheiten, die für unsere Erlösung notwendig sind, erkennen können. Ich möchte auch nicht engherzig sein, wenn Christen noch andere Aspekte des stellvertretenden Sühnetodes für wichtig halten. Allerdings bin ich der Meinung, dass es auch Sichtweisen über das Sühneopfer gibt, die unbiblisch sind, und dass solche unbiblischen Sichtweisen von WDG, NAR und DW gelehrt werden.

Die WDG-Bewegung vertritt seit vielen Jahren die Sichtweise, dass Christus durch seinen Tod unsere körperliche Heilung erwirkt hat, und dass unsere Heilung denselben Stellenwert hat wie die Vergebung der Sünden. Kenneth Hagin, der eindeutig von E. W. Kenyon, einem Anhänger der „Christlichen Wissenschaft", beeinflusst wurde, hat sich diese Sichtweise als Erster zu eigen gemacht. Hagin wird von vielen als der Vater der WDG-Bewegung angesehen und ist innerhalb dieser Bewegung als Lehrer und Prophet anerkannt.[101] McConnell zeigt in seinem Buch *A Different Gospel: A Historical and Biblical Analysis of the Modern Faith Movement* klar auf, wie sich durch E. W. Kenyon und Kenneth Hagin Linien von der WDG-Bewegung hin zur „Christlichen Wissenschaft" und zur „Unity School of Christianity" ziehen. Die Theologie von „Wort des Glaubens", insbesondere die Sichtweise über das Sühneopfer, wurde durch diesen Einfluss verfälscht. Auf diesem Hintergrund wollen wir uns nun Einzelheiten anschauen, was in der WDG-Bewegung bezüglich des Sühneopfers gelehrt wurde und weiter gelehrt wird.

---

100 *Richard Moore Blogspot* (abgerufen am 20. April 2016), http://richardpmoore. blogspot.de/2016/02/gospelology-what-is-gospel-thorough.html

101 McConnell, D. R., *A Different Gospel: A Historical and Biblical Analysis of the Modern Faith Movement* (Peabody: Hendrickson, 1988), S. 55, dt. *Ein anderes Evangelium* (Fliß Verlag: Hamburg, 1990)

WDG lehrt, dass Jesus am Kreuz geistlich sterben musste. Er sei in die Hölle gekommen, um dort für unsere Sünden zu leiden, und wurde dann in der Hölle wiedergeboren.[102] Und als ob das nicht schon schockierend genug wäre – der ewige Gott musste in Jesus Christus geistlich sterben –, wird es noch verrückter. Hagin schreibt in seinem Buch *The Name of Jesus:* „Geistlicher Tod bedeutet mehr als Trennung von Gott. Geistlicher Tod bedeutet außerdem, Satans Natur zu haben."[103]

Im selben Buch führt Hagin die Entwicklung dieser ungeheuerlichen Sichtweise über das Sühneopfer aus: „Wir müssen wissen, dass die Heilung unseres Körpers ein wesentlicher Bestandteil des Evangeliums unseres Herrn Jesus Christus ist. Er nahm nicht nur unsere Sünden auf sich, sondern er nahm auch unsere Gebrechen auf sich und trug unsere Krankheit." [104] Die WDG-Bewegung nahm ihren Anfang in den Ideen und Vorstellungen des Anhängers der „Christlichen Wissenschaft" E. W. Kenyon, der sie an Hagin weitergegeben hat, welcher wiederum die aufblühende WDG-Bewegung stark geprägt hat, als deren Vater Hagin gilt.

Man findet auf der Homepage der Bethel Church nicht viel über das Kreuz und das Sühneopfer. Fairerweise sei darauf hingewiesen, dass dort ein kleiner Hinweis über die Errettung aufgeführt ist: „Errettung befreit uns von der Macht des Teufels – Sünde, Lügen, Krankheit und Leiden."[105] Leider wird das Kreuz und wie man Errettung erlangt nicht erwähnt. In diesem Glaubensbekenntnis fällt besonders das Schweigen über Zorn, Gericht, Buße, Sühne und Versöhnung auf. Diese Auslassungen sind noch besorgniserregender als all die unchristlichen Praktiken. Das Zentrum von Bethels

---

102 Hanegraaff, Hank, *Christianity in Crisis* (Eugene: Harvest House, 1993), S. 153

103 Hagin, Kenneth E., *The Name of Jesus* (Tulsa: K. Hagin Ministries, 1979), S. 31

104 Ebd. S. 122

105 *Our Mission,* Bethel Redding (abgerufen am 20. April 2016), http://www.bethelredding.com/about/our-mission

Glaubensrahmen ist Pfingsten, nicht Golgatha. Ich meine jedoch, dass jedes christliche Glaubensbekenntnis, in welchem das Kreuz keine Erwähnung findet, höchst besorgniserregend ist.

Nach weiterer Redcherchen habe ich doch noch eine Aussage über das Kreuz auf einer anderen Homepage Bethels gefunden, die stärker mit Bethels internationalen Diensten zu tun hat. Hier findet man ein umfangreicheres Glaubensbekenntnis. „Er wurde für unsere Sünden gekreuzigt, wurde begraben und ist auferstanden und in den Himmel aufgefahren und lebt heute in der Gegenwart Gottes des Vaters und in seinem Volk. Er ist ‚wahrer Gott' und ‚wahrer Mensch'."[106] Dieses Bekenntnis, welches sich etwas versteckt auf dieser sekundären Homepage findet, spricht dann auch über die Wiederherstellung der Beziehung zu Gott. Doch auch wenn diese Bethel-Homepage das Kreuz Jesu einmal als das Mittel zur Errettung erwähnt, bleibt es dennoch offensichtlich, dass Pfingsten und das Übernatürliche zentral für das Leben und den Dienst bei Bethel sind. Es ist ziemlich eindeutig, dass bei der Evangeliumsverkündigung von Bethels Mitarbeitern, Pastoren, Propheten und Aposteln das Kreuz schmerzlich ignoriert wird. Es scheint mir, dass Bethel und Johnson in ihrer Sichtweise über das Sühneopfer von Hagin und den Vorgängern der WDG-Bewegung beeinflusst wurden.

Die Entwicklung der WDG-Sichtweise über das Sühneopfer wurde von Hagin von Anfang an beständig an die nächste Generation von Tele-Evangelisten, Propheten und Aposteln weitergegeben und ist bis heute in der WDG-Bewegung, DW und NAR präsent. Zwar hat sich diese Theologie in Teilen weiterentwickelt, aber das zentrale Ziel des Sühneopfers besteht weiterhin ebenso sehr in körperlicher Heilung als auch in der Vergebung der Sünden. Es ist klar erkennbar, dass die DW-Bewegung dort weitergemacht hat, wo

---

106 *Who We Are*, Bethel (abgerufen am 20. April 2016), https://www.bethel.com/about

WDG aufgehört hat. Nach dieser Theologie wurden uns die Sünden nicht nur vergeben, als Jesus die Strafe Satans in der Hölle erlitt, sondern weil er sündlos war, befreite Gott ihn aus der Hölle. Als Gott die Auferstehungskraft wieder in Jesu Geist einfließen ließ, überwand er alle unsere Krankheit, Not und Schmerzen und sicherte uns dabei auch noch unseren finanziellen Erfolg! Bill Johnson und Bethel haben dieses zutiefst unbegreifliche theologische Verständnis des Sühneopfers übernommen:

> Vor zweitausend Jahren hat Jesus einen Kauf getätigt. Er entscheidet sich nicht dafür, Menschen heute nicht zu heilen. Die Entscheidung vor 2000 Jahren war zu heilen. Entweder war die Bezahlung ausreichend für alle Sünde oder für keine Sünde. Entweder war die Bezahlung ausreichend für alle Krankheit oder keine Krankheit ... Das Wunder von Gottes Erlösung bestand darin, die Wurzel der Sünde, die Wurzel der Krankheit und die Wurzel der Armut auszureißen.[107]

Und als ob das nicht schon falsch und unplausibel genug wäre, wird es noch gravierender. Der Grund, warum Gott oft nicht heile, liege nicht bei Gott, sondern bei uns. Bill Johnson schreibt in seinem Blog:

> Wie kann Gott sich dafür entscheiden, jemanden nicht zu heilen, wenn er diese Heilung bereits erworben hat? War sein Blut ausreichend für alle Sünde oder nur für bestimmte Sünden? Waren die Striemen, die er ertrug, nur für bestimmte Krankheiten oder nur für eine bestimmte Zeit? Als er die Striemen auf seinem Körper ertrug,

---

107 *Bill Johnson – Does God Ever Cause Sickness?*, YouTube-Video, 05:02, 26. Oktober 2009, gepostet von *Whizzpopping* (abgerufen am 20. April 2016), https://www.youtube.com/watch?v=0iXrX9eSHWA

bezahlte er für unser Wunder. Er hat sich schon entschieden zu heilen. Man kann sich nicht entscheiden, etwas nicht zu kaufen, nachdem man es gekauft hat. Es gibt keinen Mangel auf seiner Seite der Gleichung – weder ist der Bund mangelhaft, noch sind es seine Barmherzigkeit und seine Versprechen. Aller Mangel liegt auf unserer Seite der Gleichung.[108]

Heilung ist Gottes Sache, nicht unsere. Heilung ist das souveräne Privileg Gottes. Viele Heilungen in der Bibel, von denen wir denken, sie hätten geschehen sollen, geschahen nicht. 2. Korinther 12,1-10 beschreibt Paulus' Stachel im Fleisch. Viele Ausleger glauben, dass es sich dabei um ein Augenleiden handelte. Hiob wurde mit Gottes Erlaubnis vom Teufel körperlich angegriffen. Timotheus war „oft krank". Jesus heilte nicht jeden (Mk 6,1-6). Etwas, das Jesus niemals tat, war Wunder zu wirken, ohne dass Glauben vorhanden war (Mk 6,2-3), „Zeichen vom Himmel" auf Bestellung zu wirken (Mk 8,11-13) oder Wunder zu wirken, welche Gottes Plan widersprachen (Mk 15,29-32).

Ein anderes Beispiel der Souveränität Gottes sind die Apostel. Sie wurden von den Feinden Gottes schonungslos getötet. Mit anderen Worten: Gott hat sie nicht von Leiden und Tod befreit, im Gegenteil, er hat ihr Leiden unter seiner gnädigen Hand nach seinem souveränen Willen zugelassen. Jesus hat uns geboten, Menschen, die unter der Last von Krankheit und Behinderung leiden, in unser Heim zum Essen einzuladen, gebietet uns aber in derselben Bibelstelle nicht, sie zu heilen. Vielmehr hofft er, dass wir so denen, die leiden, Freundlichkeit und Gastfreundschaft zuteilwerden lassen (Lk 14,12-14). Gott demonstriert seine Souveränität über Krankheit und Behinderung, als er zu Mose sprach: „Wer hat dem Menschen

---

108 *Q&A*, Bill Johnson Bethel Sites (abgerufen am 20. April 2016), http://bjm.org/qa/is-it-always-gods-will-to-heal-someone

den Mund gemacht? Oder wer macht stumm oder taub, sehend oder blind? Nicht ich, der HERR?"[109]

Ein weiteres Beispiel ist die Geschichte von Mefi-Boschet, dem Sohn Jonathans im Alten Testament, der bei einem Unfall verletzt und dadurch zum Krüppel wurde. David nahm sich nach Jonathans Tod vor, Jonathans Familie freundlich zu begegnen. Er nahm Mefi-Boschet in sein Haus auf und ließ ihn für den Rest seines Lebens an seinem Tisch essen (2Sam 4 und 9). Im 3. Buch Mose wird uns gezeigt, dass unsere Sorge für behinderte Menschen und Leidende etwas mit unserer Ehrfurcht vor Gott zu tun hat: „Du sollst einem Tauben nicht fluchen und vor einen Blinden kein Hindernis legen, und du sollst dich fürchten vor deinem Gott. Ich bin der HERR."[110] Mit anderen Worten: Wo es an Ehrfurcht vor Gott mangelt, da könnte es auch einen Mangel an Unterstützung für Menschen mit Behinderung geben. Und umgekehrt: Wo es Ehrfurcht vor Gott gibt, dort wird es auch Unterstützung für Menschen geben, die unter solchen Behinderungen leiden. Bei Heilung, Leiden und Krankheiten geht es viel stärker um Gott und seinen souveränen Plan als um unsere Hoffnung auf sofortige Heilung.

Im Alten Testament lesen wir oft, wie Gott Krankheit, Gebrechen, Leiden, Behinderung und auch Plagen für seine souveränen Zwecke einsetzt. Ein deutliches Beispiel dafür ist die Rebellion Korahs. Mittels einer Plage tötete Gott an einem Tag eine große Menge von Menschen als Gericht für Rebellion (4Mo 16). Gott benutzte solche Umstände als Gericht über Menschen für ihre Bosheit. Allerdings ließ er solche Situationen auch um seiner Ehre willen zu, wie man am Beispiel Naemans sehen kann. Die Bibel sagt, dass Gott Syrien wegen Naeman den Sieg schenkte. Er war ein tapferer Kriegsheld. Er stand in Gottes Gunst, litt aber auch an Aussatz. Naeman suchte Elisa auf, um geheilt zu werden, und Gott schenkte

---

109 2Mo 4,11
110 3Mo 19,14

ihm Heilung, genauso wie er auch zugelassen hatte, dass Naeman überhaupt erst krank wurde. Das beeindruckendste Beispiel von Gottes Souveränität über Krankheit und Behinderung sehen wir in Johannes 9. Dort wird berichtet, wie die Jünger einen blind geborenen Mann sehen und Jesus fragen: „Rabbi, wer hat gesündigt, dieser oder seine Eltern, dass er blind geboren wurde?" Jesus antwortete ihnen: „Weder dieser hat gesündigt noch seine Eltern, sondern damit die Werke Gottes an ihm offenbart würden."[111] Gott ließ die Blindheit dieses Mannes zu, damit er eines Tages Jesus begegnen und die Werke Gottes an ihm und durch ihn offenbart würden. Das ist für unsere Logik der Aufklärung schwer verständlich. Wir gehen immer von unserem Vorteil, von unserem Recht aus, das uns zusteht. Gottes Ehre steht jedoch noch darüber.

Außerdem wurden Menschen, die mit Behinderungen geboren werden, im Mutterleib von der allmächtigen Hand eines guten und liebenden Gottes gebildet. In Psalm 139 wird ein Gott beschrieben, der „mich in meiner Mutter Leib (gewoben hat)". Alle Menschen, die jemals geboren wurden, überall und zu allen Zeiten, von Adam an bis heute, sind Gottes wunderbare Handarbeit. Er hat jeden einzelnen Menschen einzigartig und individuell geformt. In derselben Art beschreibt Paulus, dass der Leib Christi auch schwächere Glieder benötigt. In 1. Korinther 12,12-27 lesen wir: „Gerade die Glieder des Leibes, die schwächer zu sein scheinen, sind notwendig."[112] Das zeigt uns, dass wir diejenigen brauchen, die gebrechlich sind. Der Leib Christi ist ohne die schwächeren Glieder des Leibes nicht vollständig. Heilung, Gesundheit, Geburt, Leben, Tod, Leiden und Krankheit werden alle gemäß der Souveränität eines allmächtigen und höchsten Gottes gewirkt oder zugelassen – und nicht gemäß unserer Zulänglichkeit oder Unzulänglichkeit.

---

111 Joh 9,1-3

112 1Kor 12,22

Immer wenn Gott sich entschied, Menschen zu heilen, dann geschah es auch und geschieht auch weiterhin als Antwort auf echten Glauben und nach seiner großen Barmherzigkeit und Güte. Johnson möchte uns glauben machen, dass der „Mangel auf unserer Seite der Gleichung liegt". Wenn Christus am Kreuz unsere Sühnung erworben hat und unsere vergangenen, gegenwärtigen und zukünftigen Sünden vergeben sind, dann hätte auch unsere Heilung unmittelbar geschehen müssen. So wie die volle Sühne unserer Schuld durch Buße und Glauben sofort geschieht, so müsste es gemäß dieser Logik auch mit unserer Heilung sein. Wenn wir Johnsons Lehre konsequent anwenden würden, dann dürften Menschen, die an Christus glauben, niemals krank werden. In Wirklichkeit wird unsere vollständige Heilung aber erst dann geschehen, wenn wir bei der Auferstehung der Gerechten unseren unvergänglichen Körper erhalten.

Das vorherige Zitat Johnsons ist mir bitter im Gedächtnis geblieben. Es erinnert mich an meine eigene Erfahrung, an die tiefe Verletzung, den Schmerz, die Schuldgefühle und Schande, welche diese sektenähnliche Botschaft von Bethel und Bill Johnson hinterlässt. Aller Mangel liegt auf unserer Seite der Gleichung. Wenn wir Johnsons Lehre für bare Münze nehmen würden, wäre unsere Tochter mit einer Krankheit von Satan befallen, und unser Glaube wäre zu schwach, um ihre Heilung sicherzustellen. Der Mangel liegt auf unserer Seite der Gleichung, deshalb wird sie nicht geheilt. Das war für uns als Familie vor vielen Jahren zutiefst abschreckend und verletzend, aber unsere Gefühle sind hier nicht der springende Punkt, sondern die Wahrheit. Wenn das wahr wäre, dann würden alle Gläubigen sofort frei von Krankheit, Armut und Tod werden, sobald sie an Christus glauben, weil er ja unsere Krankheit und Armut genau wie unsere Sünden am Kreuz auf sich genommen hat. Wenn unsere Sünden vergeben und nicht mehr da sind, dann müsste dasselbe auch für Krankheiten, Leiden, Qualen und Armut gelten. In Wirklichkeit sind sie aber nicht beseitigt. Auch wenn die Schuld der Ur-Sünde gesühnt ist, bleibt die Konsequenz der Sünde, unter der wir zu leiden haben, in dieser Welt. Die Wahrheit ist, dass auch Christen mit diesen Dingen kämpfen, bis wir unseren verherrlichten Körper bekommen und der Tod endlich beseitigt wird.[113]

Tatsache ist, dass wir alle sterben und der Tod die letzte Krankheit ist. Etwa ein Drittel aller Menschen, die täglich sterben, sterben an irgendeiner Krankheit. Etwa zwei Drittel sterben eines natürlichen Todes aufgrund von Altersschwäche (diese Zahl erhöht sich in den Industrienationen auf 90 %). Der einzige Grund, warum Johnson mit seiner befremdlichen Sichtweise davongekommen ist, ist sein Zusatz: „Aller Mangel liegt auf unserer Seite der Gleichung." Wenn ein Christ also an Krebs stirbt, dann lag der Fehler notgedrungen auf Seiten des Krebskranken. Aber genau an diesem Punkt bricht diese Sichtweise zusammen. Wir alle sterben früher oder später. Der Tod ist die letzte Krankheit, und dieser Fakt rückt diese absonderliche Theologie aus dem Bereich der Logik hinein in den Bereich des Absurden.

Diese Sichtweise verursacht mit Sicherheit Schuldgefühle, Scham und Verletzung, und zwar immer dann, wenn Gott trotz tiefen Glaubens und hoffnungsvoller Gebete nicht heilt. Natürlich kann Gott heilen, wenn wir voller Glauben beten, und er tut es auch,[114] aber tut er es immer? Oder ist Heilung an die Vergebung unserer Sünden geknüpft? Ist Heilung mit dem Sühneopfer Christi verbunden? Die andere Möglichkeit ist die historisch-orthodoxe Sicht des Christentums. 1. Mose 3 macht klar: Als die Sünde in die Welt kam, zog sie alles in Mitleidenschaft. Der Tod ist durch den Ungehorsam eines Menschen in die Welt gekommen, wie wir in Römer 5,12, 19-21 lesen:

Darum, wie durch einen Menschen die Sünde in die Welt gekommen ist und durch die Sünde der Tod und so der Tod

---

113 1Kor 15,12-58
114 Jak 5,13-16

zu allen Menschen durchgedrungen ist, weil sie alle gesündigt haben ... Denn wie durch des einen Menschen Ungehorsam die vielen in die Stellung von Sündern versetzt worden sind, so werden auch durch den Gehorsam des einen die vielen in die Stellung von Gerechten versetzt werden. Das Gesetz aber kam daneben hinzu, damit die Übertretung zunehme. Wo aber die Sünde zugenommen hat, ist die Gnade überreich geworden, damit, wie die Sünde geherrscht hat im Tod, so auch die Gnade herrscht durch Gerechtigkeit zu ewigem Leben durch Jesus Christus, unseren Herrn.[115]

Wir sehen hier, dass das offensichtliche Gericht über Adams Nachfahren Tod und Niedergang war, dass aber auf der anderen Seite durch den Gehorsam eines Menschen viele gerecht gemacht werden. Wir finden hier keinerlei Erwähnung von Gesundheit, Wohlstand oder Erfolg, sondern eine Gerechtigkeit, die zum ewigen Leben führt (V. 21). Ja, eines Tages wird er bei der Auferstehung der Gerechten unsere schwachen Körper wiederherstellen,[116] aber bis zu diesem Tag seufzt die Erde unter Geburtswehen.[117]

Zusammenfassend kann gesagt werden, dass diese Sichtweise gefährlich ist, weil sie das Kreuz Christi mit etwas in Bezug setzt, was historisch nie als eine der vielen Sichtweisen bezüglich des Sühneopfers akzeptiert war. Der einzige Vers, der als Belegtext dafür gebraucht werden könnte, ist Jesaja 53,5, wo steht: „Durch seine Striemen ist uns Heilung geworden." Die Gefahr ist, dass hier eine ganze Theologie auf einer einzigen isolierten Textstelle aufgebaut wird. Schauen wir uns zum Beispiel Markus 16,18 an, wo steht, dass wir Schlangen aufheben und tödliches Gift trinken werden und es uns nicht schaden wird. Wir können auf solch einen einzelnen Belegtext

---

115 Röm 5,12.19-21

116 1Kor 15,12-49

117 Röm 8,22

keine ganze Theologie und Praxis aufbauen. Bedauerlicherweise gibt es viele Kirchen, die „Schlangen-Anfassen" und „Gift-Trinken" praktizieren. Hatten Markus und Jesaja im Sinn, dass wir daraus eine konkrete Praxis entwickeln sollten? Vielmehr sollten wir den „gesamten Ratschluss Gottes" betrachten, wenn wir uns mit schwierigen Bibelstellen befassen, um so ihre Bedeutung zu klären. Die WDG, DW und NAR fügen dem Sühneopfer die Elemente Gesundheit, Wohlstand und Erfolg hinzu, was niemals zuvor akzeptiert worden ist. Dadurch weiten sie das Sühneopfer auf Dinge aus, die jenseits der biblischen Grenzen liegen.

Kapitel-Zusammenfassung

Soteriologie ist die Lehre von der Erlösung und allem, was damit zusammenhängt. Es gibt unterschiedliche Deutungen und Sichtweisen bezüglich dessen, was durch das Sühneopfer Christi und seinen Tod am Kreuz für die Menschheit geschehen ist.

Das stellvertretende Sühneopfer ist die Sichtweise, dass Jesus durch seinen Tod stellvertretend die Strafe für unsere Sünden auf sich nahm.

Das Sühneopfer ist tiefer, breiter und weiter, als wir jemals wissen oder verstehen könnten. Dennoch offenbart uns die Schrift genug darüber, sodass wir die Tiefe und Weite, die für unsere Erkenntnis notwendig sind, erkennen können.

Die WDG, DW und NAR fügen dem Sühneopfer die Elemente Gesundheit, Wohlstand und Erfolg hinzu, was niemals zuvor akzeptiert worden ist. Dadurch weiten sie das Sühneopfer auf Dinge aus, die jenseits der biblischen Grenzen liegen.

Christologische Irrlehren: Gott oder Mensch?

*Jesu „hypostatische Union", die Tatsache seiner zwei
Naturen in einer glorreichen Person, macht ihn zu einem
zuverlässigen Propheten, Priester und König!*

*Jesus war Gott und Mensch in einer Person, damit Gott und
Mensch wieder zusammen glücklich sein konnten.*
George Whitfield

Die *hypostatische Union* ist der theologische Begriff für die
Einheit der zwei Naturen Christi. Im Jahr 451 n. Chr. definier-
te das Konzil von Chalcedon die zwei Naturen der Hypostase (das
ist das griechische Wort für „Person"). Auf diesem Konzil wurde die
historisch-theologisch akzeptierte Position festgelegt, dass Christus
zwei verschiedene Naturen besaß: Menschlichkeit und Göttlichkeit.
Die beiden Naturen sind nicht vermischt und obwohl er zwei Naturen hat, ist er eine Person. Diese Position, die im Bekenntnis von
Chalcedon festgelegt wurde, wird von der gesamten Christenheit
akzeptiert, das heißt, von allen orthodoxen, katholischen und protestantischen Kirchen.[118]

---

118 Driscoll, Mark und Gerry Breshears, *Doctrine: What Christians Should Believe*
(Wheaton: Crossway, 2010), S. 230

Wir folgen also den heiligen Vätern und lehren alle einmütig, einen und denselben Sohn zu bekennen, unseren Herrn Jesus Christus. Derselbe ist vollkommen in der Gottheit und derselbe vollkommen in der Menschheit, derselbe wirklich Gott und wirklich Mensch aus einer vernünftigen Seele und einem Körper. Er ist dem Vater wesensgleich nach der Gottheit und derselbe uns wesensgleich nach der Menschheit, in jeder Hinsicht uns ähnlich, ausgenommen die Sünde. Vor aller Zeit wurde er aus dem Vater der Gottheit nach gezeugt, in den letzten Tagen aber wurde derselbe um unseres und unseres Heiles willen aus der Jungfrau und Gottesgebärerin Maria der Menschheit nach geboren.

Wir bekennen einen und denselben Christus, den Sohn, den Herrn, den Einziggeborenen, der in zwei Naturen, unvermischt, ungewandelt, ungetrennt, ungesondert geoffenbart ist.

Keineswegs wird der Unterschied der Naturen durch die Einigung aufgehoben, vielmehr wird die Eigenart jeder Natur [gerade] bewahrt, und beide vereinigen sich zu einer Person und einer Hypostase.

Wir bekennen nicht einen in zwei Personen gespaltenen oder getrennten, sondern einen und denselben einziggeborenen Sohn, den göttlichen Logos (= Wort), den Herrn Jesus Christus, wie vorzeiten die Propheten über ihn und [dann] Jesus Christus selbst uns unterwiesen haben und wie es das Glaubensbekenntnis der Väter uns überliefert hat.[119]

---

119 Peter Hünermann (Hrsg.), Heinrich Denzinger: *Kompendium der Glaubensbekenntnisse und kirchlichen Lehrentscheidungen Lateinisch (griechisch) – Deutsch*, Nr. 125f., 40. Auflage. Herder, Freiburg 2005

Wie wir bereits gesehen haben, scheint Bill Johnson nicht an die historischen Erkenntnisse des Konzils von Chalcedon zu glauben, die Jesus als eine glorreiche Person mit zwei verschiedenen Naturen bezeugen. Vielmehr sagt Johnson, Jesus habe seine Göttlichkeit abgelegt und sei nur ein Mensch gewesen, vollkommen abhängig vom Vater, während er hier auf der Erde war. Die hypostatische Union ist eine weitere theologische Position, die von Bill Johnson und anderen NAR-Lehrern, -Propheten und -Aposteln geleugnet wird. Aufgrund dieser sich häufenden Beweise bin ich zu der Meinung gelangt, dass Johnson ein Irrlehrer ist. Laut der Schrift ist jeder, der leugnet, dass Jesus der Christus ist, ein Antichrist und ein Lügner, und wenn jemand den Sohn leugnet, dann hat derjenige auch den Vater nicht.[120]

Wenn wir jedoch Johnson gegenüber sehr großzügig sind, könnte man anerkennen, dass er die scheinbar unerklärliche Hypostase erklären will. Schauen wir uns zum Beispiel Johnsons Beschreibung an, wie Jesus seine Göttlichkeit ablegte. Wenn wir seiner Beschreibung mit größtem Wohlwollen begegnen, könnten wir zum Schluss kommen, dass er richtigerweise davon spricht, wie Jesus seine menschliche Natur annahm. Trotzdem bleibt es schwer zu verstehen, warum Johnson überhaupt davon spricht, Jesus habe seine Göttlichkeit abgelegt. Denn das ist absolut falsch. Als Christus Fleisch wurde, legte er nichts von seiner Göttlichkeit ab, sondern lediglich seine göttlichen Rechte. Als Mensch hielt er nicht an seinen göttlichen Vorrechten fest. Auch ist es falsch zu sagen, Christus habe in dieser Welt niemals als Gott gewirkt. In der historischen Auslegung der Christenheit wurde die Natur Christi dahingehend erklärt, dass Jesu Hypostase nicht bedeutete, dass seine Menschlichkeit vergöttlicht wurde (d. h. es gab keine Vermischung der zwei Naturen).

Eutyches war ein Klostervorsteher im frühen 5. Jahrhundert, der lehrte, dass Jesus nur eine Natur hatte bzw. dass Jesus eine Natur

---

120 1Jo 2,20-25

wurde.[121] Wir könnten aufgrund Johnsons Lehre schließen, dass er mit dem *Eutychianismus* oder *Monophysitismus* übereinstimmt. Monophysitismus ist der Name, unter dem Eutyches' Lehre später bekannt wurde *(mono* = einzig, *physis* = Natur).[122] Dagegen lehrten seine Gegner den *Kontra-Eutychianismus*: dass Christus nicht seine Menschlichkeit vergöttlichte, sondern dass er zwei Naturen beibehielt, wie im oben erwähnten Bekenntnis von Chalcedon detailliert erklärt wird. Es könnte sein, dass Johnson die rechtgläubige Sichtweise teilt, dass Jesus eine menschliche Natur annahm, aber das ist aufgrund des Kontextes seiner Aussagen sehr unwahrscheinlich. Denn im Kontext seiner Aussagen geht es gerade darum, dass wir in der Lage sind, dasselbe zu tun, was Jesus tat. Johnsons Punkt scheint ja gerade der zu sein, dass wir nicht in der Lage wären, dieselben Wunder zu wirken wie Jesus, wenn er seine Göttlichkeit behalten hätte, weil wir nicht tun können, was Gott tut. Seine andere Aussage, dass Jesus hier auf der Erde nur als Mensch handelte und nicht als Gott, belegt im besten Fall, dass seine Sprache unbedacht oder unsauber ist, und im schlimmsten Fall, dass er wirklich meint, Jesus habe seine Göttlichkeit vollkommen abgelegt und auf dieser Erde nur als Mensch gewirkt.

Diese Elemente in Johnsons Lehre könnten auf *materielle* statt auf *formale Häresie* hinweisen. *Materielle Häresie* ist eine Lehre, die unbewusst gelehrt wird und im Widerspruch zur Rechtgläubigkeit steht. Es ist eine Meinung, die im Gegensatz zur Lehre der Kirche oder der Christenheit steht. *Formale Häresie* dagegen wird vorsätzlich vertreten, und dabei wird bewusst gegen das rechtgläubige Christentum gelehrt. Wenn wir Johnson im Zweifelsfall das Beste unterstellen, dann wäre seine Lehre als materielle Häresie einzustufen.

---

121 Erickson, Millard J., *Christian Theology* (Grand Rapids: Baker Book House, 1998), S. 729

122 Ferguson, Sinclair B., David F. Wright, and J. I. Packer, *New Dictionary of Theology* (Downers Grove: InterVarsity, 1988), S. 442

Christus musste in der Tat einige göttliche Vorrechte ablegen, als er Mensch wurde. So konnte Jesus in seiner Menschlichkeit zum Beispiel nicht überall sein, er wusste nicht alles, er konnte versucht werden. Wenn wir seine Aussagen so verstehen, war Jesus wirklich voll und ganz Mensch und abhängig von Gott, wie Johnson lehrt, und wirkte seine Wunder durch die Kraft des Heiligen Geistes. Mit anderen Worten: Jesus spielte seine göttliche „Trumpf-Karte" nicht aus. Man könnte dahingehend Zugeständnisse bei der Interpretation seiner Worte machen, aber viele andere Zitate und Lehren bezüglich der Natur Christi werfen wichtige Fragen auf und lassen die Alarmglocken schrillen. Sie sind suspekt und müssten klargestellt werden. Die Verantwortung, Klarheit zu schaffen, liegt bei Johnson.

Um seine christologischen Aussagen zu klären, habe ich Bill Johnson kontaktiert. Ich wollte sehen, wie er diese christologischen Aussagen selbst versteht. Ich erreichte seine persönliche Assistentin. Sie antwortete mir und fragte, ob ich „an der Wahrheit interessiert" sei und ob ich „nach wirklichen Antworten und Reaktionen von ihnen suchen" würde. Als Antwort schickte ich die erwähnten Zitate von Johnson und bat um Klärung und ob er wirklich hinter diesen Zitaten stehe. Es folgte ein Hin und Her mit seiner Assistentin. In ihrer letzten Korrespondenz erklärte sie: „Ich bezweifle, dass Pastor Bill antworten wird, da es nichts gibt, was er meint zurücknehmen zu müssen. Er glaubt absolut an die volle Göttlichkeit Christi, und anscheinend ist der Grund Ihres Häresie-Vorwurfs, dass er das nicht tue. Der Fehler liegt auf Ihrer Seite. Außerdem sind wir kein Teil der NAR, ein weiterer Fehler in Ihrem Buch. Es gab andere, die ähnliche Irrtümer veröffentlichten und danach feststellten, dass sie das zurücknehmen und sich entschuldigen mussten, als sie ihren Irrtum erkannten." Johnson spielt mir also den Ball zurück und behauptet, ich läge falsch, führt aber keine biblische Begründung dafür an.

Wenn er an die beständige Göttlichkeit Christi glaubt, dann ist die Fülle an Zitaten, die das Gegenteil behaupten, zumindest sehr verwirrend. Johnson muss Theologen gekannt haben, die ihm hätten helfen können, Klarheit und Präzision in seine veröffentlichten Werke zu bringen, doch stattdessen wurden die Aussagen unklar gelassen. Ein Lehrer, der sagt und schreibt, dass Jesus seine „Göttlichkeit abgelegt hat", ohne eine präzise Erklärung und Auslegung dazu zu geben, ist verantwortungslos.

Wenn jemand auch nur andeuten würde, ich sei ein Irrlehrer und würde lehren, dass Jesus nicht Gott war, würde ich jede Anstrengung unternehmen, das zu korrigieren. Ich würde mich erklären oder meine Aussagen zurücknehmen, die missverstanden wurden oder unklar waren. Ich würde mich bemühen, wieder im Einklang mit allen historischen Bekenntnissen der Christenheit und allen biblisch korrekten Lehren zu sein (was Johnson leicht hätte tun können), statt mich zwischen verwirrenden Aussagen hin- und her zu bewegen. Wenn ich Aussagen über Christus gemacht hätte, die ungenau, nachlässig, widersprüchlich oder unbedacht wären oder die in sonst irgendeiner Weise seine Person herabgesetzt hätten, dann würde ich alles in meiner Macht Stehende tun, um das zu korrigieren oder zurückzunehmen. Bill Johnson allerdings scheint voll hinter all den problematischen Aussagen zu stehen, die ich zitiert habe.

Ich bin nicht der Einzige, der die Lehren von Bill Johnson hinterfragt. Es gibt viele Theologen, Pastoren, Leiter, Blogger, Autoren, die seine Schriften und Lehren ähnlich kritisiert haben. Ich habe mich beim Schreiben dieses Buches an viele führende Theologen und Gemeindeleiter gewandt. Die Unterstützung, die sie mir für meine Analyse von Johnsons Lehre haben zukommen lassen, war überwältigend positiv. Auch wenn einige dieser Leiter aus Sorge vor Gegenwind nicht öffentlich genannt werden wollten, unterstützen sie mein Unterfangen zweifelsfrei.[123] Doch Sie können sich sicher sein, dass die evangelikalen theologischen Kreise über die Entwicklungen in der NAR Bescheid wissen und darüber tief besorgt sind.

---

123 Deshalb nenne ich diejenigen, die ich kontaktiert habe, hier nicht namentlich.

In einer privaten Korrespondenz teilte seine persönliche Assistentin mit, dass Johnson an die Göttlichkeit Jesu glaubt, aber im öffentlichen Diskurs vertritt er eine äußerst verwirrende Botschaft dazu. Es wäre ein Leichtes für ihn gewesen, sich an den alten Bekenntnissen und eindeutigen Schriftaussagen auszurichten, die die Details der Hypostase erklären. Allerding zeigt Johnson eher eine Abneigung gegenüber Theologie an sich und allem, was man davon lernen kann (siehe dazu die verstörenden Bill-Johnson-Zitate in Anhang II). Ich habe in den vorangegangenen Kapiteln versucht nachzuweisen, dass seine christologischen Aussagen im Hinblick auf die Natur Christi mindestens unbedacht sind. Ich meine, er vertritt an dieser entscheidenden Stelle eine falsche Lehre.

Seine Assistentin sagte in unserer letzten Korrespondenz außerdem, dass sie „kein Teil der NAR" seien, allerdings liegen die Verbindungen klar auf der Hand. Es mag zwar keine offizielle organisatorische Zugehörigkeit geben (es gibt auch gar keine offizielle NAR-Organisation, sondern nur ein loses Netzwerk). Trotzdem ist Johnson ein Teil des Erweckungsnetzwerkes, das viele NAR-Leiter in ihren Reihen hat. So trat er gemeinsam mit den bekanntesten NAR-Leitern bei Todd Bentleys[124] Aussendungsgottesdienst auf, der auf GOD TV ausgestrahlt wurde. Später war er gemeinsam mit Rick Joyner in einem Video zu sehen, in welchem Todd Bentley nach seiner Scheidung als christlicher Leiter wiedereingesetzt wurde. Er schrieb einen Bericht über Bentley, der auf der Website von MorningStar Ministry veröffentlicht wurde.[125] Jedes seiner Bücher hat Empfehlungen und Geleitworte von prominenten NAR-Leitern. Er tritt auch oft gemeinsam mit anderen NAR-Leitern als Sprecher

---

124 Bentley war die Schlüsselfigur des *Lakeland Revivals*, das 2008 in Florida begann, mit Phänomenen ähnlich des *Toronto-Segens*.

125 *Update on Todd Bentley-Note from Bill Johnson* (abgerufen am 7. März 2017), MorningStar Ministries Website, https://www.morningstarministries.org/resources/special-bulletins/2011/update-todd-bentley-note-bill-johnson#. WL53NRiZO8U

auf. Er trat gemeinsam mit Randy Clark, Heidi Baker, Che Ahn und John Arnott bei Veranstaltungen in Deutschland auf. Weitere internationale Auftritte mit Shawn Bolz, Georgian und Winnie Banov, Patricia King und Randy Clark sind geplant – sie alle haben Verbindungen zur NAR. Er lehrt am Wagner Leadership Institute den Kurs „Im Übernatürlichen wandeln".[126] Diese Schule wurde von C. Peter Wagner gegründet, einem der Pioniere der NAR-Bewegung.

Weiter hat er gemeinsam mit anderen NAR-Leitern und -Autoren Kapitel in Büchern verfasst (z. B. im bereits erwähnten Buch *Die Physik des Himmels*). Er empfiehlt zusammen mit anderen NAR-Leitern wie Che Ahn die Bibelübersetzung *The Passion Translation* (siehe dazu das Kapitel *Außerbiblische Offenbarung*). Er trat zusammen mit vielen anderen NAR-Leitern (einer davon war Lou Engle von TheCall) bei der Azusa-Now-Veranstaltung in Kalifornien auf.[127] Die Behauptung, sie seien kein Teil der NAR, ist also nicht ganz richtig. Johnson und Bethel mögen keine offiziellen NAR-Partner sein, aber es besteht kein Zweifel daran, dass sie klar mit der NAR und deren theologischem Hintergrund auf einer Linie liegen.

---

126 *Walking in the Supernatural* (abgerufen am 11. März 2017), Wagner Leadership Institute Website, http://wagnerleadership.org/course/pw828/

127 *TheCall: The Next Chapter*, YouTube-Video, 1:20, 20. Dezember 2016, gepostet von *thecallvideos* (abgerufen am 7. März 2017), https://www.youtube.com/watch?v=vRjbbdljTdA

Kapitel-Zusammenfassung

Die *hypostatische Union* ist der theologische Begriff für die Einheit der zwei Naturen Christi. Das Konzil von Chalcedon hat diese zwei Naturen der Hypostase Christi beschrieben: Es wurde klargestellt, dass es keine Vermischung der zwei Naturen gibt und dass er eine Person ist, obwohl er zwei Naturen besaß.

Der *Eutychianismus* oder *Monophysitismus* lehrt, dass Christus nur eine Natur hatte bzw. nur eine Natur annahm.

Der *Kontra-Eutychianismus* war die Reaktion auf den Monophysitismus und lehrte, dass Christus seine Menschlichkeit nicht vergöttlichte; er behielt beide Naturen, wie es das Bekenntnis von Chalcedon im Detail darlegt.

Bill Johnson und andere NAR-, DW- und WDG-Leiter lehren eine Art des Eutychianismus, die besagt, dass Jesus in seiner Erdenzeit nur Mensch war bzw. dass er in seiner Person nur eine Natur hatte. Johnsons christologische Lehre gehört wahrscheinlich in den Bereich der *materiellen Häresien* und nicht zur schlimmeren *formalen Häresie*.

Materielle Häresie ist eine Lehre, die unbewusst gelehrt wird und die im Widerspruch zur Rechtgläubigkeit steht.

Formale Häresie wird vorsätzlich vertreten und bewusst gegen das rechtgläubige Christentum gelehrt.

Außerbiblische Offenbarungen

Ich bezeuge jedem,
der die Worte der Weissagung dieses Buches hört:
Wenn jemand etwas zu diesen Dingen hinzufügt,
so wird Gott ihm die Plagen hinzufügen,
die in diesem Buch geschrieben sind; und wenn jemand
etwas von den Worten des Buches dieser Weissagung
wegnimmt, so wird Gott seinen Teil wegnehmen
von dem Baum des Lebens und aus der heiligen Stadt,
von denen in diesem Buch geschrieben ist.
Offenbarung 22,18-19

Die nächste Gefahr in Bezug auf die WDG, DW und NAR ist die sogenannte „außerbiblische Offenbarung". Damit sind alle nicht der Bibel entstammenden Informationen (egal, ob Erkenntnis oder Erfahrung) über Gott, sein Wirken oder seinen Willen gemeint. Dabei kann es auch um Lehren, Konzepte oder Praktiken gehen, die auf Fehlinterpretationen der Bibel fußen. In der Hermeneutik (der Lehre von der Auslegung der Bibel) nennt man diese Praxis *Eisegese*. *Eisegese* bedeutet, dass man in einen biblischen Text etwas hineinlegt, um die gewünschte Bedeutung herauslesen zu können, im Gegensatz zu der korrekten Art der Hermeneutik, der *Exegese*. *Exegese* bedeutet Auslegung, die Bedeutung wird nur aus dem Bibeltext entfaltet.

Leiter und Mitglieder dieser Bewegungen sind ständig auf der Suche nach einem „Wort der Weisheit", was bedeutet, dass ein Apostel, Lehrer oder Evangelist ihnen ein neues Wort von Gott verkündet. Das kann ein einfaches „Gott sagt dir Folgendes ..." sein. Es kann aber auch so komplex wie das Aufstellen einer neuen Lehre sein, die nirgends in der Bibel zu finden ist. Ein Beispiel dafür ist in Bill Johnsons Buch *The Supernatural Power of a Transformed Mind*[128] zu finden. Dort schreibt er: „Offenbarung ist nichts, was man aus einem theologischen Buch oder Studienheft herausarbeiten kann. Es ist noch nicht einmal etwas, das man ganz allein aus der Bibel ans Licht bringen kann."[129] Die Freiheit, die Bibel persönlich zu lesen und zu verstehen – und nicht von einem Priester vermittelt zu bekommen –, wurde in der Reformation für uns erkämpft und seither von der Gemeinde Jesu bestätigt. Eine Schlussfolgerung aus Johnsons Aussage ist, dass man die Bibel manchmal nur mit der Hilfe von Johnson oder anderen Propheten/Aposteln verstehen kann, und zwar durch deren Worte der Weisheit und ihre Ausführungen und Bücher.

Oder wollte er einfach sagen, dass man zusätzlich zur Bibel den Heiligen Geist braucht, um sie richtig zu verstehen? Jesus sagt: „Wenn aber jener, der Geist der Wahrheit, gekommen ist, wird er euch in die ganze Wahrheit leiten ... Heilige sie durch die Wahrheit! Dein Wort ist Wahrheit."[130] Es sieht für mich jedoch so aus, als ob Johnsons persönliche Interpretation der Bibel sie ihrer Autorität beraubt. Wie spricht Gott letztendlich zu den Menschen? Er spricht zu uns durch sein Wort, die Bibel, welche durch den Heiligen Geist erleuchtet wird und nicht durch außerbiblische

---

128 etwa: *Die übernatürliche Kraft eines verwandelten Geistes*

129 Johnson, Bill, *The Supernatural Power of a Transformed Mind – 40-Day Devotional and Personal Journal* (Shippensburg: Destiny Image Publishing Inc., 2011), 1 Introduction

130 Joh 16,13; 17,17

Zusatzoffenbarungen. Er wird der Schrift durch besondere Offenbarung nichts hinzufügen oder wegnehmen.[131] Ich meine, die Tendenz hin zu besonderen Offenbarungen ist eine gefährliche Entwicklung. Gott spricht durch sein Wort und erleuchtet es durch seinen Heiligen Geist. So können wir es verstehen. Wir brauchen keine Insider-Weisheit oder besondere Offenbarungen, im Gegenteil: Wir können sein Wort selbst lesen und verstehen und uns mit anderen Christen darüber austauschen. Denn wiedergeborene Christen haben den Heiligen Geist.

Eine andere Art und Weise, wie in der NAR außerbiblische Offenbarung praktiziert wird, ist durch Prophetie. Gruppen prophetischer Leiter innerhalb der NAR haben sich zu sogenannten „Prophetischen Räten" zusammengeschlossen. Diese prüfen dann Informationen, welche sie für prophetisch halten, und tragen prophetische Aussagen von verschiedenen Quellen innerhalb der NAR zusammen. Der einflussreichste dieser Räte ist der *Apostolic Council of Prophetic Elders* (Apostolischer Rat Prophetischer Ältester), kurz ACPE. Dieser Rat, der von Cindy Jacobs einberufen wird, veröffentlicht jährlich eine Zusammenstellung prophetischer Aussagen, welche sie das „Wort des Herrn" nennen. Unter anderem veröffentlicht der Rat dieses Dokument im *Charisma Magazine*. Einige Propheten, die in diesem Rat sitzen, behaupten, Welt-Ereignisse wie die Terroranschläge vom 11. September, die Finanzkrise von 2008 und andere politische Ereignisse oder Naturkatastrophen der letzten Jahre vorausgesagt zu haben.[132] Ich möchte damit nicht andeuten, dass es die Gabe der Prophetie nicht mehr gibt. Doch es sieht für mich so aus, als ob sie diese prophetischen Aussagen, in denen Welt-Ereignisse vorhergesagt werden, auf dieselbe Stufe mit der Schrift stellen, denn

---

131 Offb 22,18-19

132 Wenn Sie mehr über das Amt des Propheten in der NAR lesen wollen, empfehle ich folgendes Buch: Geivett, R. Douglas und Holly Pivec, *A New Apostolic Reformation?: A Biblical Response to a Worldwide Movement*, (WOOSTER, OHIO: WEAVER Book Company, 2014). Kindle-Position 1939-1957

sie nennen sie „Worte des Herrn". Doch das sind im Wesentlichen außerbiblische Offenbarungen.

Bibelübersetzungen bleiben, wenn sie korrekt übersetzt werden, so nah wie möglich an den Originalsprachen. Das ist das Wesen einer *Übersetzung*. Sie hat das Ziel, die Aussage des ursprünglichen Autors in einer anderen Sprache und im Sinn der dahinter liegenden Kultur wiederzugeben. Es soll nichts hinzugefügt werden, was nicht vom ursprünglichen Autor beabsichtigt war oder ausdrücklich geschrieben wurde. Die englische Bibelübersetzung ESV (English Standard Version) hat beispielsweise das Ziel, „dem Original-Text gegenüber transparent zu sein und den Lesern die Struktur und die Bedeutung des Originals so direkt wie möglich sehen zu lassen".[133] Die meisten seriösen und zuverlässigen Bibelübersetzungsprojekte werden von großen Expertenteams durchgeführt, um mögliche Fehler zu vermeiden. Die English Standard Version (ESV), eine eher neuere Übersetzung, hat beispielsweise ein Aufsichtskomitee bestehend aus vierzehn der weltweit führenden Sprachexperten. Die Prüfung der Übersetzung wurde von fünfzig weiteren führenden Gelehrten durchgeführt, und das Beratungsgremium, welches den letzten Entwurf freigab, bestand aus vierundfünfzig weiteren weltweit führenden Gelehrten. Mit anderen Worten: So wurde verhindert, dass sich grobe Fehler einschleichen, die passieren können, wenn viele Übersetzer an einem großen Projekt zusammenarbeiten.

Eine weitere problematische Entwicklung im Bereich außerbiblischer Offenbarungen in der NAR ist die Herausgabe einer neuen Bibelübersetzung. Sie heißt *The Passion Translation*. Sie wurde von Brian Simmons übersetzt und wird von vielen NAR-Leitern empfohlen, unter anderem von Apostel Che Ahn und Bill Johnson.[134]

---

133 *About the ESV, Translation Philosophy* (abgerufen am 13. November 2016), http://www.esv.org/about/translation-philosophy/

134 *A New Bible: The Passion Translation*, vom 22. April 2013, *The Elijah List* (abgerufen am 13. November 2016), http://www.elijahlist.com/words/display_word.html?ID=12057

Schon auf den ersten Blick ist eines der großen Probleme dieser sogenannten „seriösen Übersetzung", dass sie nur von einer Person alleine übersetzt wurde. Nicht wie andere anerkannte, moderne Übersetzungen wie die ESV, die von einer umfangreichen Gruppe übersetzt und geprüft wurde, um Fehler zu vermeiden. Das zweite Problem sind die vielen Übertreibungen und Ungenauigkeiten im Text dieser Übersetzung, selbst das Englisch weist Fehler auf.[135]

Simmons versucht an vielen Stellen, eigene Vorstellungen, wie die *Kingdom-Now-Theologie* und andere NAR-Lehren, in seine Übersetzung mit einfließen zu lassen. Simmons fügt bei der Übersetzung Dinge hinzu, die von den biblischen Autoren noch nicht einmal angedeutet werden. Zum Beispiel ergänzt er bei den Grußformeln in den paulinischen Briefen Worte, die Paulus gar nicht geschrieben hat.[136] Selbst eine moderne Bibelübertragung wie Eugene H. Petersons weithin bekannte *The Message* wurde von mehreren verschiedenen Gelehrten überarbeitet und korrigiert. Während meiner Studienzeit hat beispielsweise einer meiner Professoren für Altes Testament einige Kapitel von *The Message* korrigiert. Dieser Professor war einer der weltweit führenden alttestamentlichen Gelehrten. Und trotz dieser genauen Überprüfung behauptet Peterson nicht, dass es sich bei *The Message* um eine Bibelübersetzung handelt, er spricht lediglich von einer Übertragung. Eine Übertragung will keine genaue Übersetzung des Textes sein, sondern eher eine Erklärung des Sinns. Peterson bemüht sich dabei, die Gedanken der Autoren wahrheitsgetreu wiederzugeben. Er benutzt dafür lediglich Alltagssprache.

---

135 *What's wrong with the Passion 'Translation'?*, vom 6. Januar 2016, Andrew Wilson (abgerufen am 13. November 2016), http://thinktheology.co.uk/blog/article/whats_wrong_with_the_passion_translation

136 Für mehr Information lesen Sie Holly Pivecs vierteilige Serie *A New NAR Bible – 'The Passion Translation'*, vom 26. April 2013, Holly Pivec (abgerufen am 13. November 2016), http://www.spiritoferror.org/2013/04/a-new-nar-bible-the-passion-translation/3014

Wenn man die *Passion*-Übersetzung mit äußerst präzisen Übersetzungen wie der ESV (bzw. im Deutschen mit der Elberfelder Übersetzung, ELB) vergleicht, dann wird der NAR-Einfluss deutlich sichtbar. Beispielsweise steht in Galater 2,19 (ELB): „Denn ich bin durchs Gesetz dem Gesetz gestorben, damit ich Gott lebe." In der *Passion*-Übersetzung liest sich derselbe Vers folgendermaßen: „Als ich versuchte, dem Gesetz zu gehorchen, wurde ich mit einem Fluch verdammt, weil ich nicht in der Lage bin, jedes einzelne Detail davon zu erfüllen. Aber weil der Messias in mir lebt, bin ich nun der *Herrschaft* des Gesetzes über mich gestorben, damit ich für Gott in der Freiheit *des Himmels* (eigene Hervorhebung) leben kann!"[137] Neben dem Fehler der Wortfülle dieser Übersetzung schlägt die Betonung der *Dominionismus-Lehre* zweifelsfrei durch. Obwohl in diesem Vers das Wort oder das Konzept von Herrschaft (Dominion) im griechischen Urtext nirgends auftaucht, fügt Simmons es hier ein. In der griechischen Textus-Receptus-Version steht in Galater 2,19: „ἐγὼ γὰρ διὰ νόμου νόμῳ ἀπέθανον ἵνα θεῷ ζήσω".[138] Die Worte, die normalerweise mit „Herrschaft" oder „Herrschaftsgebiete" übersetzt werden, sind die folgenden drei griechischen Worte: „ἐξουσία" (exusia), „κράτος" (kratos) oder „κυριότης" (kyriotäs). Ich bin kein Linguist. Ich hatte lediglich den üblichen Griechisch-Unterricht im Studium, aber es ist ziemlich offensichtlich, dass dieser Vers falsch übersetzt wurde. Simmons setzt hier das Wort „Herrschaft" ein, obwohl keine der drei griechischen Worte, die normalerweise mit „Herrschaft" übersetzt werden, in diesem Vers zu finden sind.

Ein weiteres Beispiel, wo diese Übersetzung weit über den Urtext hinausgeht, ist Galater 6,6: „Wer im Wort unterwiesen wird, gebe aber dem Unterweisenden an allen Gütern Anteil!" (ELB). In

---

137 Simmons, Brian, *Letters from Heaven By the Apostle Paul (The Passion Translation)*, BroadStreet Publishing, 2014, Kindle-Ausgabe.

138 *Gal2,19* aufgerufen am 22. Mai 2017, http://biblehub.com/text/galatians/2-19. htm, in Umschrift: *ego gar dia nomou nomo apetanon hina theo zäso*

der *Passion*-Übersetzung liest man dagegen: „Und diejenigen, die im Wort unterwiesen werden, erhalten von ihrem Lehrer eine *Weitergabe* (eigene Hervorhebung); eine Teilung des Wohlstandes findet zwischen ihnen statt."[139] *Weitergabe* ist ein weiteres NAR-Schlagwort. Häufig werden den Menschen solche *Weitergaben* von einem Propheten und Apostel vermittelt. Als NAR-Begriff bezieht sich das Wort *Weitergabe* darauf, dass ein Prophet oder Apostel die eigene Salbung des Heiligen Geistes einem Empfänger weitergibt. Anders ausgedrückt: Dieselbe Gabe, nämlich die Macht, Wunder zu wirken, wird dem Empfänger einer solchen *Weitergabe* verliehen. Wenn man sich lange genug mit Propheten und Aposteln umgibt, empfängt man, gemäß NAR-Verständnis, schließlich denselben Grad an Macht und Fülle des Geistes. Auch hier ist ganz klar: An keiner Stelle ist in dem griechischen Originaltext von Paulus ein Wort zu finden, das man sinnvoll mit *Weitergabe* übersetzen könnte. Das griechische Wort κοινωνέω (koinoneo) muss so übersetzt werden: „mit anderen teilen, kommunizieren, verteilen, Teilhaber sein". Weitere Beispiele von Übersetzungsfehlern der *Passion*-Übersetzung sind zusätzlich eingefügte NAR-Begriffe, die in den entsprechenden griechischen Texten nicht zu finden sind. Es geht um Begriffe wie *Sphäre*, *Bestimmung* und *Fülle*.[140]

Die *Passion*-Übersetzung wurde von der NAR gefördert und beworben und stammt von einem NAR-Apostel, der keine besonderen Fachkenntnisse hat, außer dass er an einer Bibelübersetzung einer afrikanischen Sprache mit *New Tribes Mission (Ethnos 360)* gearbeitet hat. Simmons scheint keine wesentlichen Fachkenntnisse bezüglich biblischer Sprachen zu besitzen. Bibelübersetzer sollten jedoch hohe Qualifikationen im Bereich Linguistik haben, besonders wenn sie allein übersetzen. Dies scheint bei Simmons nicht der Fall zu

---

139 Simmons, Brian, *Letters from Heaven by the Apostle Paul (The Passion Translation)*, BroadStreet Publishing, 2014, Kindle-Ausgabe.

140 *The Passion Translation: The Bible of Bethel and the NAR* (abgerufen am 22. Mai 2017), http://saraboyd.org/?p=309

sein.[141] Laut der Internetseite der *Passion*-Übersetzung hat er seinen Doktortitel vom Wagner Leadership Institute im Fachbereich Gebet erhalten.[142] Diese Schule hat enge NAR-Verbindungen und wurde von dem bekannten Apostel C. Peter Wagner gegründet.

Dieser Übersetzungsversuch erinnert an die eigenen Bibelübersetzungen mancher Sekten, wie beispielsweise der Zeugen Jehovas *(Neue Welt Übersetzung)* und der Mormonen *(Das Buch Mormon* und ihre eigene Übersetzung der Bibel). Diese alle haben schwerwiegende Mängel und wurden tendenziös im Sinne ihrer Theologie übersetzt. Oft behaupten solche „Bibelübersetzer", ihnen wären Jesus oder Engel erschienen, oder sie hätten Visionen oder Träume gehabt. Während einer Predigt in der *Healing Waters Church* in Selden in New York sagte Simmons: „Ich hatte eine Erscheinung. Mir wurde vom Herrn der Auftrag erteilt, als er mich anhauchte und freisetzte und mich dazu berief, die Bibel zu übersetzen."[143]

Er redete außerdem vage von weiteren Engelserscheinungen und Träumen, in denen ihm offenbart worden sei, dass er die Bibel übersetzen solle. Auch seine Frau habe viele Träume gehabt, die bekräftigten, dass Jesus den Auftrag für seine Übersetzung erteilt habe. Es ist häufig ein Anzeichen dafür, dass eine neue Bewegung ihre eigene Theologie stützen will, wenn sie ihre eigene Bibelübersetzung anfertigt, in der dann Elemente hinzugefügt werden, die die biblischen Autoren nie sagen wollten. Das ist der Inbegriff außerbiblischer Offenbarungen und viel zu nah an dem Vorgehen von Sekten.

---

141 *Apostle Brian Simmons' Love/Hate Relationship with Scholarship and Academic Degrees,* vom 28. Juni 2013, Holly Pivec (abgerufen am 13. November 2016), http://www.spiritoferror.org/2013/06/apostle-brian-simmons-lovehate-relationshipwith-scholarship-and-academic-degrees/3513

142 *FAQs: What is The Passion Translation and who is behind it?* (abgerufen am 10. März 2017), https://www.thepassiontranslation.com/faqs/

143 Brian Simmons, *Song of Solomon Part 1,* YouTube-Video, 14:05, 19. Februar 2012, gepostet von *HealingWatersNY* (abgerufen am 10. März 2017), https://www.youtube.com/watch?v=H8pmNZnlzIA

Am besten können wir uns vor außerbiblischer Offenbarung schützen, wenn wir das Wort Gottes gut kennen und mit ihm vertraut sind. So können wir Wahrheit von Irrtum unterscheiden. Wir sollten auch bei solchen Projekten vorsichtig sein, die biblische Aussagen umdeuten zu wollen. Vor einiger Zeit hörte ich einen Prediger, der die *Passion*-Übersetzung benutzte. Es fiel mir leicht, die Fehler in der Übersetzung zu erkennen, wo dem Text Bedeutungen zugefügt worden waren, die nicht im Grundtext zu finden sind. Ich war mir aber nicht ganz sicher, deshalb schaute ich mir sofort den griechischen Text auf meiner Handy-App an. Dort konnte ich dann feststellen, dass es starke Ausschmückungen und Zusätze gab. Wenn schon ich mir dessen, was ich gehört hatte, nicht sicher war, wie soll ein durchschnittliches Gemeindemitglied dann die Unterschiede beurteilen können?

Die Zusätze wiesen auf eine ganz bestimmte Sonderlehre hin, die man als *Dominionismus* oder *Kingdom-Now-Perspektive* bezeichnet. Wir werden sie im nächsten Kapitel genauer betrachten. Für das ungeschulte Ohr klingt es vielleicht großartig, dass Gott möchte, dass der Himmel auf der Erde einzieht. Aber solche Aussagen sind in den alten biblischen Manuskripten nicht zu finden. Mir scheint eindeutig belegt zu sein, dass Bill Johnson, Cindy Jacobs, Che Ahn, Brian Simmons und andere NAR-Apostel die Wahrheit und selbst Worte der Schrift in ihrer Bedeutung verdrehen, um so neuartige, außerbiblische Lehren zu verbreiten. Um uns davor zu schützen, ist es sehr hilfreich, wenn wir Bibelstellen nach einer anerkannten Übersetzung auswendig lernen. Dies kann uns schützen und verhindern, dass die Saat der falschen Lehre in unserem Herzen aufgeht und das geschriebene Wort Gottes verdrängt.

Kapitel-Zusammenfassung

Außerbiblische Offenbarungen sind Informationen, die nicht aus der Bibel stammen, sondern häufig in Form von besonderen Erfahrungen weitergegeben werden, die uns über Gott, sein Wirken oder seinen Willen informieren wollen.

Hermeneutik ist die Lehre von der Auslegung der Bibel.

Eisegese bedeutet, etwas in einen Text hineinzulegen, was der biblische Autor nicht sagen wollte.

Exegese ist die Praxis der richtigen und textgemäßen Bibelauslegung.

Die NAR hat *Prophetische Räte* ins Leben gerufen, die jährliche prophetische Veröffentlichungen herausgeben, eine davon heißt *Das Wort des Herrn*.

Die NAR hat ihre eigene Bibelübersetzung, die *Passion*-Übersetzung herausgegeben. Sie wurde von Brian Simmons geschrieben, der wenig linguistische Fachkenntnisse besitzt und der Perspektiven der NAR-Theologie tendenziös in den Text hineinlegt hat.

Um uns vor außerbiblischer Offenbarung zu schützen, sollten wir die Bibel so gut wie möglich kennen. So können wir Wahrheit von Irrtum unterscheiden lernen.

Die Herrschaft über die Erde zurückerobern

Jesus wird regieren überall,
wo die Sonne ihre wiederkehrende Reise treibt;
Sein Reich erstreckt sich von Küste zu Küste,
bis die Monde nicht mehr zu- und abnehmen werden.
Isaac Watts (1719)

Dominionismus ist eine theologische Denkrichtung, nach der Gott Adam und Eva Herrschaft über die Erde verlieh und Satan diese Herrschaft durch den Sündenfall an sich riss. Christus habe Satan besiegt und die Herrschaft über die Erde am Kreuz zurückerobert. Er habe die Herrschaft den Gläubigen zurückgegeben, damit diese durch das Aufrichten des Reiches Gottes auf Erden die ursprüngliche Herrschaft wiederherstellen. Jesus könne erst dann wiederkommen, wenn wir durch das Reich Gottes die Herrschaft wiederhergestellt haben. Johnson schreibt:

Ist dir bewusst, dass es eine deiner Aufgaben auf der Erde ist ... den Willen Gottes zu beweisen? Deine und meine Berufung als Gläubige ist vielleicht zu gewaltig, um sie völlig zu verstehen, aber das biblische Gebot ist klar: Unsere Aufgabe ist es, zu zeigen, dass sich die Realität, die im Himmel existiert, hier und jetzt manifestieren kann. Wir sollen nicht nur Menschen sein, die die richtigen Dinge über Gott glauben, sondern die den Willen Gottes sichtbar machen und darstellen sollen, damit andere erkennen: „Ach, so ist Gott also ..." Jesus lehrte und veranschaulichte, dass das Reich Gottes eine gegenwärtige Realität ist – es existiert jetzt in der unsichtbaren Welt und steht über allem in der sichtbaren Welt.[144]

Das ist allerdings eine völlige Fehlinterpretation von Römer 12,2, „dass ihr *prüfen* mögt, was der Wille Gottes ist". Das griechische Wort, das Johnson hier mit „zu beweisen"[145] wiedergibt, ist δοκιμάζω *(dokimazo)*. Es bedeutet „durch Auswirkung testen", „zustimmen", „erlauben", „prüfen", „untersuchen", „nachweisen" oder „versuchen".[146] Diese Bibelstelle sagt, dass wir fähig sind, den Willen Gottes zu erkennen, wenn wir uns nicht der Welt anpassen, sondern unser Denken durch die Schrift erneuern lassen. Wir werden dann in der Lage sein Gottes Willen zu verstehen und zu erkennen, was Gott konkret von uns möchte. Die Hermeneutik und die Exegese von Bill Johnson sind mangelhaft, doch sie sind ganz auf der Linie *dominionistscher Theologie*. „Wie im Himmel, so auch auf Erden" ist eine zentrale Vision der Bethel Church, und das ist ganz auf der Linie der *dominionistischen Theologie*, die auch als *Kingdom-Now-Theologie* bekannt ist. Johnson beschreibt das hier genauer:

Natürlich: Wir wissen, dass der ursprüngliche Plan entgleiste und dass Adam die Herrschaft verlor, die Gott ihm über die

---

144 Johnson, Bill, *The Supernatural Power of a Transformed Mind – 40-Day Devotional and Personal Journal* (Shippensburg: Destiny Image Publishing Inc., 2011), 3

145 engl. *to prove*

146 Thomas, Robert L., *New American Standard Exhaustive Concordance of the Bible: Including Hebrew-Aramaic and Greek Dictionaries* (Holman Bible Pub, 1981)

Erde gab, indem er die Menschheit der Sklaverei des Feindes auslieferte … in Tod und Auferstehung Jesu Christi holte Gott die Autorität, die der Mensch weggegeben hatte, wieder zurück und stellte unsere Bestimmung auf dieser Erde wieder her. Wir, die Gemeinde, sind dazu berufen, seine Herrschaft in diesem irdischen Bereich auszudehnen, genauso wie Adam dazu berufen war.[147]

Das ist schon fast eine wörtliche Erklärung dessen, was der *Dominionismus* lehrt. Es ist eine weitere irreführende Lehre über den Sündenfall und die Verderbtheit der Menschen. Das hat mit den biblischen Aussagen nichts gemeinsam. Solch einer Theologie müssen wir widerstehen. Wenn wir diese Lehre für bare Münze nähmen, wäre die logische Folge, dass wir eine Theokratie auf der Erde anstreben sollen – Gott als politischer Herrscher –, bevor Jesus wieder auf die Erde kommen kann.

Ich möchte begründen, was an dieser theologischen Sichtweise falsch ist. Erstens: Hat Adam seine Autorität „abgegeben" oder war er einem heiligen Gott gegenüber ungehorsam und fiel dadurch in Sünde? Adam gab seine Autorität nicht ab, er fiel in Sünde. Schließlich herrscht Gott bis heute souverän über das Universum, trotz des Sündenfalls. Außerdem wird Christus auch weiterhin seine souveräne Herrschaft über jeden Winkel des Universums ausüben.

In Kolosser 1,15-20 wird ein vollkommen souveräner Christus beschrieben, der seine Autorität weder an Adam, Satan noch an sonst irgendein Geschöpf abgegeben hat. Und obwohl Johnson fälschlicherweise behauptet, Gottes Plan sei *entgleist*, wissen wir, dass Gott durch die Geschichte hindurch seinen souveränen Heilsplan ausführt. Es ist so, wie es der große niederländische Reformator Abraham Kuyper sagte: „Es gibt keinen Quadratzentimeter im gesamten Bereich unserer menschlichen Existenz, über

---

147 Johnson, *Neues Denken, neue Vollmacht,* S. 40

welchen Christus, der souveräner Herr über alles ist, nicht ausruft: ‚Mein!'"[148]

Die Wahrheit ist, dass wir in unserem ganzen Leben noch nichts gesehen haben, das Gott nicht geschaffen hat oder das er nicht durch die Macht seines Willens erhält (Offb 4,11; Kol 1,15-20). Christus persönlich bewahrt und erhält die Existenz von allem, was sich in diesem Augenblick in unserem Sichtfeld befindet (Hebr 1,3). Alles, was wir sehen, und jeder Mensch, der die Schöpfung betrachtet, wurde von Christus geschaffen und wird durch ihn erhalten. Wir alle wurden letztlich aus folgendem Grund erschaffen: um zu Christus zu gehören und „zu ihm hin" zu sein (Kol 1,16). Der *Kürzere Westminster Katechismus* drückt es folgendermaßen aus: „Das höchste Ziel des Menschen ist, Gott zu verherrlichen und sich für immer an ihm zu erfreuen."[149] Alles, was geringer als dieses höchste Ziel ist, erfüllt nicht die Bestimmung, die Gott für den Menschen im Sinn hat.

Dominionismus ist eine der Kernlehren der NAR und äußerst ausgeprägt in Johnsons Büchern zu finden. Ich habe alle seine Bücher gelesen und festgestellt, dass sich die Themen wiederholen. Das erste Thema, welches er gewöhnlich anspricht, kann etwa so zusammengefasst werden: Jesus war zu seinen Erdenzeiten nicht Gott (oder hat auf irgendeine Weise seine Göttlichkeit abgelegt), denn sonst könnten wir die Dinge, die er tat, nicht tun (weil wir nicht Gott sind). Zweitens: Wir wurden für die Herrschaft über die Erde geschaffen. Wir haben diese Herrschaft aufgegeben, als wir auf Satan hörten und uns gegen Gottes Herrschaft auf der Erde auflehnten. Und drittens: Wir, die Gemeinde, sollten daran arbeiten, diese Herrschaft, die Adam und Eva verloren haben, wiederzuerlangen.

---

148 Bratt, James D., ed., *Abraham Kuyper: A Centennial Reader* (Grand Rapids: Eerdmans, 1998), S. 488

149 *Der kürzere Westminster Katechismus von 1647*, Hrsg. Thomas Schirrmacher, 2005 S. 4

Daher sind Wunder, Manifestation und der über die Erde herein-brechende Himmel als Rückkehr der ursprünglichen Herrschaft zu verstehen, wie Gott sie sich gedacht hatte. Johnson beschreibt diese Sichtweise detailliert in seinem Buch *Und der Himmel bricht herein:*

> Der Mensch wurde nach dem Bild Gottes geschaffen und an den Ort gestellt, wo Schönheit und Frieden ihren höchsten Ausdruck durch den Vater fanden: den Garten Eden. Außerhalb jenes Gartens lagen die Dinge anders. Dort gab es nicht diese Ordnung und diesen Segen, und es bedurfte sehr der Berührung durch den Bevollmächtigten Gottes — Adam … Aber in 1. Mose 1 entdecken wir, dass es kein perfektes Universum ist. Satan hatte zuvor rebelliert, war aus dem Himmel hinausgeworfen worden und hatte mit einem Teil der gefallenen Engel die Herrschaft über die Erde übernommen. Es ist also offensichtlich, warum der restliche Planet untertan gemacht werden musste — er stand unter dem Einfluss der Finsternis (1. Mose 1,2). Gott hätte den Teufel und seine Heerscharen mit einem Wort vernichten können, aber stattdessen beschloss Er, die Finsternis durch eine von Ihm bevollmächtigte Instanz zu besiegen — jenen, die nach Seinem Bild geschaffen sind und Ihn aus freien Stücken lieben.[150]

Ein Hauptfehler in dieser Argumentation ist, dass Johnson die Finsternis von 1. Mose 1,2 als geistliche Finsternis deutet, die von Satan kontrolliert wurde. Er lehrt, dass Satan alles außerhalb des Gartens kontrollierte. Eine Behauptung ohne jegliche biblische Begründung, nur gestützt auf überzogene Spekulationen über die Bedeutung des Textes. Johnson behauptet Dinge, die nicht im Text stehen, und stellt sich gegen die historische Auslegung von 1. Mose. Nirgendwo in der

---

150 Johnson, *Und der Himmel bricht herein*, S. 34-35

Schrift gibt es einen Hinweis darauf, dass Satan vor dem Sündenfall die Welt außerhalb des Gartens kontrollierte. Die Dunkelheit
in 1. Mose 1,2 bezieht sich offensichtlich auf den Ablauf der Schöpfung; auf den Zeitraum, in dem es noch kein Licht gab. 1. Mose 1,2
beschreibt eine physikalische Dunkelheit, und in 1. Mose 1,3 sagt
Gott: „Es werde Licht." Außerdem gab es in 1. Mose 1,2 noch gar
keinen Garten Eden, wie konnte also die Dunkelheit außerhalb des
Gartens herrschen, wenn dieser noch gar nicht geschaffen war? Diese gesamte Lehre basiert auf einem einzigen Wort und einer äußerst
mangelhaften Auslegung des Textes.

Darüber hinaus hat der Generalrat der Assemblies of God, einer großen pfingstlichen Denomination, *Dominionismus* und *Kingdom-Now-Theologie* in einem Dokument mit dem Titel *Endtime
Revival* mit folgenden Worten verworfen: „Diese *falsche* (eigene
Hervorhebung) Theologie besagt, dass Jesus erst wiederkommt,
wenn die Gemeinde die Herrschaft über die Welt von Satan und
seinen Nachfolgern zurückerobert hat."[151] In demselben Dokument werden noch weitere NAR-Lehren als „abweichend" bezeichnet, z. B. die *offenbar gewordenen Söhne Gottes*, *Joels Armee*, das
Wohlstandsevangelium (WDG) und *Generationen-Flüche*. Der Generalrat der Assemblies of God bittet seine Gemeinden dringend
um große Vorsicht beim Beurteilen von physischen Manifestationen, die in der NAR und bei sogenannten Erweckungen zu beob-
achten sind.

Es ist wichtig zu erwähnen, dass viele der NAR-Leiter und -Kir-
chen wie Bethel in Redding die Assemblies of God verlassen oder
alle konfessionellen Verbindungen oder Zugehörigkeiten abgebro-
chen haben. Bethel verließ die Denomination der Assemblies of

---

151 *Endtime Revival-Spirit-Led and Spirit-Controlled*, 11. August 2000, General
Council of the Assemblies of God (abgerufen am 3. November 2016), https://
ag.org/Beliefs/Topics-Index/Revival-Endtime-Revival--Spirit-Led-and-Spi-
rit-Controlled, dt. Endzeit Erweckung – vom Geist geführt und vom Geist
kontrolliert

God im Januar 2006. In einem offenen Brief, der auf ihrer Webseite veröffentlicht wurde, schrieb Johnson, dass ihr Austritt

> keine Reaktion auf einen Konflikt (ist), sondern eine Reaktion auf einen Ruf ... Wir fühlen uns dazu berufen, ein Netzwerk zu gründen, welches anderen Netzwerken hilft, Erfolg zu haben und einer von vielen permanenten Katalysatoren in dieser anhaltenden Erweckung zu sein. Unsere Berufung ist spezifisch und theologisch und praktisch unterschiedlich genug von der Berufung der Assemblies of God, sodass diese Veränderung angemessen ist.[152]

Johnson selbst sagt hier also klar und deutlich, dass ihre Berufung theologisch unterschiedlich genug ist, um sich von den Assemblies of God zu trennen. Das entspricht sehr wahrscheinlich der Wahrheit, denn Bethel unterscheidet sich ja wirklich von den Assemblies of God. Das wird z. B. deutlich bei der Ablehnung einer der Säulen von Johnsons Lehre, nämlich *Dominionismus* und *Kingdom-Now-Theologie*, durch den Generalrat. Wenn die weltgrößte pfingstliche Denomination (67 Millionen Mitglieder) *Dominionismuns* und andere abweichende theologische Sichtweisen als problematisch einstuft und daraufhin viele NAR-Gemeinden austreten, dann wird klar, wer hier abgewichen ist. Außerdem hat sich nicht nur diese eine pfingstlerische Gruppe gegen die neuen Lehren gestellt. Der überwiegende Teil der zeitgenössischen Christenheit lehnt *Dominionismus* voll und ganz ab.[153]

---

152 Poloma, Margaret M. & Green, Margaret M., *The Assemblies of God: Godly Love and the Revitalization of American Pentecostalism* (NY: NYU Press, 2010), S. 202

153 *The Assemblies of God and the NAR,* 1. Juni, 2013, Holly Pivec (abgerufen am 3. November 2016), http://www.spiritoferror.org/2013/06/the-assemblies-of-god-and-the-nar/3246

Was den Dominionismus so abscheulich und gefährlich macht, ist, dass er Satan mehr Macht zugesteht, als er hat, und den Menschen mehr Autorität zuerkennt, als sie verdienen. Satan ist ein besiegter Feind an der „langen Leine Gottes". Wir sind Sünder, die aus Gnade gerettet wurden, die in die Sohnschaft hineingenommen wurden und denen ein Erbe in den Heiligen[154] gegeben wurde. Außerdem haben wir nichts geleistet, um das, was uns in Christus geschenkt ist, zu verdienen. Im Unterschied dazu ist Gott absolut souverän; er hat niemandem die Kontrolle über diese Welt abgetreten. Gott verliert niemals die Kontrolle über irgendetwas, weder in der Vergangenheit, Gegenwart noch in der Zukunft. Alles ist unter seiner souveränen Herrschaft: Galaxien und die endlosen Weiten des Alls, diese Erde und alles, was darauf ist, Länder, Regierungen, Armeen und die ganze Natur, von der Spitze des Mount Everest bis zum Grund des Marianengrabens; er ist souverän über jede Pflanze und jedes Tier, über jede Bewegung der Erde und auch über Naturkatastrophen. Er ist souverän über alles Wissen und Verstehen, über Bildung und Universitäten, ganz gleich, was sie lehren oder nicht lehren. Er steht über menschlicher Gelehrsamkeit, Wissenschaft, Forschung und allen Informationssystemen. Er herrscht bereits über all die Dinge, die wir eines Tages erst entdecken werden, und über alle Dinge, die wir niemals entdecken werden, selbst wenn wir tausende Jahrtausende Zeit dafür hätten.[155] Dominionismus kann nicht wahr sein, denn die Schrift beschreibt detailliert die liebende Herrschaft, die Gott kontinuierlich sowohl über die kleinsten Details der Schöpfung ausübt, als auch bei der Lösung der größten Probleme im Universum. Es ist so, wie es das früheste christliche Bekenntnis sagt: „Jesus ist Herr."[156]

---

154 Eph 1,18

155 *The Supremacy of Christ (Sermon Jam) – John Piper*, YouTube-Video, vom 26. März, 2014, gepostet von *Truth Endures* (abgerufen am 5. November 2016), https://www.youtube.com/watch?v=VeKgfUGtcI0

156 Kol 1,15-20; Hebr 1,1-4; Hi 1,12; 2,6; Ps 19,1-6; Ps 135,6; Jes 43,13; 1Tim 1,17; 6,15; Offb 15,3; 19,5

Kapitel-Zusammenfassung

Der Dominionismus lehrt, dass Gott Adam und Eva Herrschaft über die Erde verlieh und dass Satan diese Herrschaft durch den Sündenfall an sich riss.

Der Generalrat der Assemblies of God hat *Dominionismus* und *Kingdom-Now-Theologie* als falsch verworfen. Außerdem hat er *Joels Armee*, *die offenbar gewordenen Söhne Gottes*, das *Wohlstandsevangelium* und *Generationen-Flüche* als abweichend bezeichnet.

Die Bethel Church hat 2006 die Denomination der Assemblies of God verlassen.

Kolosser 1,15-20 beschreibt die beständige Souveränität Christi über alles. Er hat die Herrschaft über die Erde nicht an Satan, Adam oder sonst irgendein Geschöpf abgegeben. Jesus herrscht jetzt und in alle Ewigkeit.

Dein Konto
der Gegenwart Gottes

Die Tiefe deines Anbetungslebens ist ein Lackmustest für deine geistliche Reife. Wenn du wenig Zeit mit Anbetung verbringst, also Gott mit deinen Worten, mit deinem Leben, mit deinem Körper, mit deiner Musik, mit deinem Lied, mit deinen Texten, mit deinem Geldbeutel, mit deinem Herzen, mit deiner Seele, mit deinem Verstand und mit allem, was du bist, ehrst, dann würde ich mit großer Gewissheit sagen, dass du ein unreifer Christ bist. Sei reif! Bete an!

Es ist schwer, eine Kategorie für die folgende Lehre Johnsons zu finden, außer vielleicht, dass sie nahe an der Gnosis ist. Er hat sogar ein Buch mit dem Titel *Hosting the Presence: Unveiling Heaven's Agenda* (Die Gegenwart beherbergen: Die Agenda des Himmels enthüllen) geschrieben. In einem anderen seiner Bücher, *Manifesto for a Normal Christian Life* (Programm für ein normales christliches Leben) beschreibt er die sonderbare Praktik des *Beherbergens der Gegenwart Gottes*. Diese ist so eigenartig, dass man sie nur in seinen eigenen Worten beschreiben kann:

Jesus zeigt uns besser als irgendjemand sonst in der Schrift, wie man die Gegenwart des Herrn beherbergt. Ich möchte euch daran erinnern, dass Jesus offensichtlich Gott ist. Er ist ewig. Er ist kein Geschöpf, aber er hat sich entäußert und wurde ein Mensch und lernte, wie man die Gegenwart Gottes beherbergt. Jesus selbst sagte, dass er seine Göttlichkeit abgelegt hatte. Die Schrift sagt uns, dass er sich entäußert hatte. Er konnte nichts aus sich selbst heraus tun. Keines seiner Wunder wirkte er als Gott. Er wirkte sie als Mensch, der sich Gott hingegeben hatte. Sie sind alle Ausdruck eines Lebens unter dem Einfluss des Heiligen Geistes. Jesus hat gelernt, die Gegenwart des Herrn zu beherbergen, und war sich dadurch so sehr der Gottes Gegenwart über ihm bewusst, dass er spürte, dass Kraft von ihm ausgegangen war, als eine Frau seine Kleidung berührte.

Stell dir vor, du wärest dir des Heiligen Geistes auf dir so bewusst, dass du sofort merkst, wenn etwas von deinem Konto der Gegenwart oder der Kraft abgehoben wird, dass Gegenwart durch dich freigesetzt wurde, weil du dir so sehr dessen bewusst bist, was du trägst – obwohl du dich gerade mit Leuten unterhältst, obwohl sich eine große Menge um dich drängt und dich berührt, aber dann berührt dich eine Person im Glauben. Es war nicht so, dass die Gegenwart in ihm aufgebraucht wurde, denn der Geist Gottes war ihm ohne Maß gegeben. Er spürte einfach, dass es Forderung nach etwas gab, was er in sich trug.[157]

Auch hier ist Jesus nicht Gott und Mensch zugleich, Johnsons christologische Abweichung geht also weiter. Es ist in der Tat etwas verwirrend, weil er damit beginnt, dass Jesus Gott und ewig ist. Aber dann lehrt er, dass Jesus seine Göttlichkeit abgelegt habe, damit er

---

157 Johnson, Bill, *Manifesto for a Normal Christian Life*: The HTB Talks Kindle Edition (Redding: Bill Johnson Ministries, 2013), Beispielseiten

die Göttlichkeit (oder die Gegenwart des Heiligen Geistes) wieder aufnehmen konnte. Das ergibt keinen Sinn. Wäre es nicht einfacher, wenn Jesus einfach seine Göttlichkeit behalten hätte, dann hätte er sich dieses „Ablegen" und „Wieder-Aufnehmen" der Gegenwart des Heiligen Geistes sparen können. Wenn er schon Gott war, warum ist er dann nicht einfach Gott geblieben? Das ist verwirrend und mindestens leichtfertige Sprache. Außerdem findet hier ein mangelhafter Umgang mit der Schrift statt. Jesus sagte nicht, dass eine „Gegenwart", sondern dass „Kraft" von ihm ausgegangen sei.[158] Da Jesus sagt, dass „Kraft" von ihm ausgegangen ist, können wir sehen, dass er vollkommen frei über seine heilige Kraft verfügte. Man könnte aus Johnsons Lehre schließen, dass Jesus keine Kontrolle und Autorität über seine heiligen Eigenschaften und seine Kraft gehabt hätte.

Weiter sagt Johnson, dass Jesus feststellen konnte, dass etwas von dem, was er in sich trug, „gefordert" wurde. Das ist so unchristlich, dass man gar nicht weiß, wo man anfangen soll. Niemals wird etwas von Gottes Herrlichkeit oder Gegenwart „gefordert". In den meisten Fällen, in denen die Bibel beschreibt, dass Gott seine Herrlichkeit offenbarte, starben Menschen, wollten sterben oder lagen auf ihrem Angesicht und hofften, nicht gleich sterben zu müssen.

Niemals gab es eine „Forderung" nach dem Umfang oder dem Ausmaß von Gottes Herrlichkeit. Er ist Gott, nichts ist für ihn zu anspruchsvoll oder zu hoch für seine Kraft und Herrlichkeit. Nichts. Dass eine Forderung an Gottes Gegenwart gestellt wird, klingt eher nach New Age, östlicher Mystik oder Okkultismus als nach christlichem Glauben. Die Götter dieser Religionen sind an Raum und Zeit gebunden und nicht allwissend, allmächtig oder allgegenwärtig. An andere Götter/Geister mögen Forderungen gestellt werden, weil sie begrenzt sind. Die Geister dieser anderen Religionen bekommen auch Forderungen, die an ihre Kraft und Souveränität gestellt

---

158 Mk 5,31

werden, welche sie nicht erfüllen können. Im Gegensatz dazu ist der Gott des Himmels und der Erde absolut souverän. Der Gott der Bibel ist keiner Forderung verpflichtet, die ein Mensch an ihn stellt und auch keiner Anfrage an seine Kraft! Gott[159], der große ICH BIN, kennt keine Forderung, die zu groß für ihn wäre. Nichtsdestoweniger sind diese Praktiken mit allerlei Gefahren verbunden und gänzlich unchristlich. Im selben Buch schreibt Johnson weiter:

Wir spiegeln immer das Wesen der Welt wider, derer wir uns am meisten bewusst sind. Das, was wir bewusst leben, werden wir in der Welt um uns herum reproduzieren ... Der Heilige Geist *auf* (eigene Hervorhebung) Jesus war die Kraft, welche von ihm ausging und die das Leben und die Umstände der Menschen veränderte und verwandelte. Dinge, die Menschen quälten, wurden weggenommen, Krankheiten wurden geheilt, und den Hoffnungslosen wurde Hoffnung gegeben. Jesus hat jede Beerdigung, auf die er ging, verdorben – einschließlich seiner eigenen ... Sie erkannten, dass Paulus nicht überall sein konnte, also nahmen sie einige seiner Kleidungsstücke und brachten sie zu einem kranken, sterbenden oder gequälten Menschen und sie wurden befreit. Es war nicht einfach ein Akt des Glaubens. Das wäre an sich schon ehrenwert. Aber es geschah, weil der Geist Gottes tatsächlich Stoff durchtränken kann. Und diese Rückstände allein, diese vom Tisch gefallenen Brosamen, reichten aus, um Heilung und Befreiung zu wirken, wenn sie aus der Gegenwart des Herrn stammten ... Ich weiß nicht, wie man irgendetwas lernen kann, ohne zu experimentieren. Menschen, die alles auf Anhieb richtig machen wollen, sollten sich lieber von den Gaben des Heiligen Geistes fernhalten, denn wir lernen, wenn wir in einem geschützten Kontext

---

159 JHWH

experimentieren können ... Als ich mir der Gegenwart bewusst wurde, ging ich in einen Laden, um die Dinge einzukaufen, die ich brauchte. Ich habe aber nicht schnurstracks nur die Dinge ausgesucht, die ich brauchte, sondern bin die Gänge auf und ab gelaufen. Ich habe mich wie ein Rasensprenger gefühlt, der die Gänge auf und ab ging und den gesamten Ort mit seiner Gegenwart bewässerte.[160]

Der Irrtum, der in diesen Worten liegt, ist erschreckend. Zuerst die Aussage, der Heilige Geist sei „auf" Jesus. Vielleicht handelt es sich hier lediglich um einen leichtfertigen Wortgebrauch, aber der Heilige Geist war nicht *auf* Jesus, sondern *in* Jesus. Johnsons Grundlage einer falschen Kenosis und Trinitätslehre ist hier deutlich zu erkennen. Jesus diente angeblich lediglich mit der Gegenwart des Heiligen Geistes, er trug den Heiligen Geist bei sich und teilte diese Gegenwart, die „auf" ihm war, irgendwie aus. Nach Johnsons Ansicht war Jesus damals nicht, wie das großartige Bekenntnis von Nicäa aus dem Jahr 325 n. Chr. sagt: „Gott aus Gott, Licht aus Licht, wahrer Gott aus wahrem Gott, gezeugt, nicht geschaffen, eines Wesens mit dem Vater (homoousion to patri); durch den alles geworden ist, was im Himmel und was auf Erden ist."[161]

---

160 Ebd., Beispielseiten

161 Peter Hünermann (Hrsg.), Heinrich Denzinger, *Kompendium der Glaubensbekenntnisse und kirchlichen Lehrentscheidungen Lateinisch (Griechisch) – Deutsch*, Nr. 125f, 40. Auflage. Herder, Freiburg 2005

Das vollständige **Bekenntnis von Nicäa**[162] lautet:

Ich glaube an den einen Gott,
den Vater, den Allmächtigen,
den Schöpfer alles Sichtbaren und Unsichtbaren.

Und an den einen Herrn Jesus Christus,
den Sohn Gottes,
der als Einziggeborener aus dem Vater gezeugt ist,
das heißt: aus dem Wesen des Vaters,
Gott aus Gott, Licht aus Licht,
wahrer Gott aus wahrem Gott,
gezeugt, nicht geschaffen,
eines Wesens mit dem Vater *(homoousion to patri)*;
durch den alles geworden ist,
was im Himmel und was auf Erden ist;
der für uns Menschen und wegen unseres Heils
herabgestiegen und Fleisch geworden ist,
Mensch geworden ist,
gelitten hat und am dritten Tage auferstanden ist,
aufgestiegen ist zum Himmel,
kommen wird, um die Lebenden und die Toten zu richten;

Und an den Heiligen Geist.
Diejenigen aber, die da sagen: „Es gab eine Zeit, da er nicht war",
und: „Er war nicht, bevor er gezeugt wurde",
und er sei aus dem Nichtseienden geworden,
oder die sagen, der Sohn Gottes stamme aus einer anderen
Hypostase oder Wesenheit,
oder er sei geschaffen oder wandelbar oder veränderbar,
die verdammt die katholische[163] Kirche.

---

162 Ebd.
163 D. h. allgemeine Kirche, der Begriff ist hier nicht konfessionell gemeint.

Zurück zu den Aussagen von Johnson. Er scheint zu lehren, Jesus sei eine Art Imitat Gottes. Das allein reicht schon, um jedes weitere seiner Worte, die er lehrte, abzutun. Trotzdem wollen wir uns dieses Zitat noch etwas näher anschauen.

Johnson entwickelt das alles aus Apostelgeschichte 19,12. Dort wird berichtet, dass Schweißtücher von Paulus zu Kranken gebracht wurden, um sie zu heilen. Daraus schließt Johnson, dass der Geist Gottes Tücher durchtränken kann. Hinterlässt der Heilige Geist Rückstände? Das ist animistischer und kein christlicher Glaube. Animismus ist der Glaube von Stammesreligionen, laut dem wir Geister, die in Objekten sind, manipulieren können. Animismus ist ein religiöses System, das nach Begegnungen mit Geistwesen in der sichtbaren- und der Geisterwelt strebt, um mit der Geistwelt zu kooperieren. Doch Gott „bewohnt" und durchtränkt keine Stoffe. Gott hinterlässt auch keine Rückstände. Johnson sagt weiter, er könne mit den Geistesgaben nur experimentieren. Dieses Experimentieren hat aber versteckte Gefahren. Die offensichtliche Gefahr ist, dass Menschen sich für New Age, östliche Mystik und animistische Praktiken öffnen. Eine verstecktere Gefahr besteht in der langsamen Aushöhlung unserer Liebe zu Christus und einem Sehnen und Verlangen nach übernatürlichen Phänomenen und Erfahrungen, die das Neue Testament so nicht kennt.

Diese experimentierfreudige Kultur scheint auf Johnsons Gemeinde abzufärben. Johnson scheint kein Problem damit zu haben, „neue" Dinge auszuprobieren und zu experimentieren, was jedoch für uns als Christen in diesem Bereich tabu ist. Hier kommen die oben erwähnten Praktiken wie die Herrlichkeitswolke, Goldstaub, fallende Engelsfedern, plötzlich erscheinende Edelsteine, das Heraufbeschwören von Engel-Lichtkugeln, Feuertunnel, im Geist reisen, außerkörperliche Erfahrungen, Teleportation, außerbiblische Offenbarung, Totenauferweckung, die Neue-Wein-Bewegung, trunkene Herrlichkeit, Visualisierung, heiliges Lachen, Singsang, Eintauchen, Stimmgabeln und Engel aufwecken ins Spiel. Die Gefahr besteht hier darin, dass dieses emotionsgesteuerte Experimentieren Menschen für Mächte öffnen kann, die nicht von Gott sind.

An dieser Stelle fragt sich der Leser vielleicht, weshalb er in der Bibel noch nie etwas über diese Praktiken gelesen hat. Das liegt daran, dass sie in der Bibel nicht vorkommen, und Gemeinden, die Christus ehren, sollten sie auch nicht praktizieren. Es gibt keinerlei Hinweis in der Schrift, dass wir als Christen so etwas tun oder auch nur offen dafür sein sollen. Außerdem sind diese Praktiken geistlich heimtückisch für uns, weil sie unser Leben für übernatürliche Mächte öffnen, die im Machtbereich des Feindes liegen, was Gott uns strengstens verbietet. Z. B. beschreibt Johnson sich selbst als eine Art „Rasensprenger des Heiligen Geistes", der einen ganzen Ort mit seiner Gegenwart bewässert. Das klingt mehr nach einem Medium (jemandem, der eine Verbindung zwischen der Geistwelt und der physischen Welt herstellt) als nach dem neutestamentlichen Dienst des Heiligen Geistes.

Im 2. Timotheus-Brief erläutert Paulus dem Timotheus, was passieren wird, wenn Menschen die gesunde Lehre nicht mehr ertragen, sondern „Ohrenkitzel" wollen: Sie werden sich mit Lehrern umgeben, die sie in Übereinstimmung mit ihren eigenen Begierden belehren.[164] Natürlich wünscht sich jeder eine Botschaft von Erfolg, Heilung und Wohlstand. Es klingt nach einer guten Idee, „eine Saat des Glaubens zu säen" (was im WDG-Jargon bedeutet, einem christlichen Werk Geld zu spenden), damit Gott mich zehnfach segnet (was bedeutet, dass Gott meine Investition mit einer hohen Rendite belohnt)! Jeder will Erfolg, Gesundheit und Reichtum. Allerdings ist die wirkliche Botschaft des Evangeliums eine Botschaft des Leidens für Christus: „Alle aber auch, die gottesfürchtig leben wollen in Christus Jesus, werden verfolgt werden."[165] Auch in Markus 8,34-35 wird uns der Weg des Kreuzes aufgezeigt, der zum Leben führt:

---

164 2Tim 4,3-4

165 2Tim 3,12

„Wenn jemand mir nachkommen will, verleugne er sich selbst und nehme sein Kreuz auf und folge mir nach! Denn wer sein Leben retten will, wird es verlieren; wer aber sein Leben verliert um meinetwillen und um des Evangeliums willen, wird es retten."

Es gibt so viele biblische Themen und Personen, die eine direkte Antithese zu fast jeder Wohlstandslehre der WDG, DW und NAR bilden, dass es unmöglich ist, sie hier alle aufzuführen. Das offensichtlichste Beispiel ist Jesus selbst. Er steht in vollem Gegensatz zur Wohlstandsbotschaft. Er war arm, obdachlos, abgelehnt, verachtet, verschmäht, wurde im Stich gelassen, von seinen besten Freunden verlassen und geschlagen als „einer, vor dem man das Gesicht verbirgt. Er war verachtet, und wir haben ihn nicht geachtet."[166] Sein Leben bildet die direkte Antithese zur Botschaft des Wohlstandsevangeliums. Sein herrliches und demütiges Leben ist davon geprägt, den Wegen und dem Erfolg dieser Welt zu entsagen, die er mit vollem Recht und mit aller Autorität für sich in Anspruch hätte nehmen können. Erstaunlicherweise hat sich unser Herr „selbst (erniedrigt) und wurde gehorsam bis zum Tod, ja, zum Tod am Kreuz".[167] Das ist die klare Botschaft Christi, die unserer Kultur zuwiderläuft. Das ist der wunderbare gute Hirte, dem wir dienen. Er hat uns bis zum Tod geliebt, und wir können an seinem Leiden teilhaben und, wie Paulus es ausdrückt, „die Gemeinschaft seiner Leiden (...) erkennen, indem ich seinem Tod gleich werde".[168] Das ist keine Wohlstandsbotschaft, sondern das wahre Evangelium eines Lebens des bewusst gewählten Leidens gemeinsam mit Christus. Werden wir diesem Ruf folgen? „Denn wer sein Leben retten will, wird es verlieren; wer aber sein Leben verliert um meinetwillen und um des Evangeliums willen, wird es retten."[169] Es wird sich lohnen!

---

166 Jes 53,3

167 Phil 2,8

168 Phil 3,10

169 Mk 8,35

Kapitel-Zusammenfassung

Die Gegenwart Gottes zu beherbergen ist eine Lehre Bill Johnsons, nach der Jesus derjenige war, der diese Gegenwart am treuesten beherbergte. Wenn wir treu darin sind, Gottes Gegenwart zu beherbergen, dann qualifiziert uns das dazu, mehr von seiner Gegenwart zu bekommen.

Jesus war „Gott aus Gott, Licht aus Licht, wahrer Gott aus wahrem Gott, gezeugt, nicht geschaffen, eines Wesens mit dem Vater; durch den alles geworden ist, was im Himmel und was auf Erden ist."

Das Leben von Jesus selbst steht im Gegensatz zur Wohlstandsbotschaft. Er war arm, obdachlos, abgelehnt, verachtet, verschmäht, wurde im Stich gelassen, von seinen besten Freunden verlassen und geschlagen. Sein Leben bildet die direkte Antithese zur Botschaft des Wohlstandsevangeliums. Sein herrliches und demütiges Leben ist davon geprägt, den Wegen und dem Erfolg dieser Welt zu entsagen. Unser Herr „erniedrigte (...) sich selbst und wurde gehorsam bis zum Tod, ja, zum Tod am Kreuz."

Gefahren im evangelikalen Mainstream

Warum wanderte Israel vierzig Jahre lang durch die Wüste?
Rebellion! Israels Geschichte lehrt uns, wie wir am Ende der
Tage leben sollen. Lasst uns also nicht gegen Gott rebellieren.
Das wäre ein verhängnisvoller Gedanke.
zu 1. Korinther 10,5-15 und Hebräer 3,7-19

Man könnte noch so viel mehr über WDG, DW und NAR sagen, aber was bisher aufgezeigt wurde, sollte reichen, die Lehren von Bill Johnson, der Bethel Church und der NAR-Lehrer zu entlarven, die versuchen, sich ihren Weg nach Europa und Deutschland zu bahnen. Wie gesagt: Bill Johnson leugnet jegliche Verbindung zur NAR.[170] Trotzdem sind die Verbindungen eindeutig. Er trat bei der Aussendung Todd Bentleys (Lakeland-Erweckung) als Apostel mit anderen NAR-Aposteln wie Che Ahn, Rick Joyner und C. Peter Wagner auf.[171] Johnson war auch in mehreren Folgen der

---

170   Jones, Martyn Wendell, *Cover Story: Inside the Popular, Controversial Bethel Church*, Christianity Today, 24. April 2016, (abgerufen im Juni 2016), http://www.christianitytoday.com/ct/2016/may/cover-story-inside-popular-controversial-bethel-church.html

171   *Todd Bentley's Apostolic and Prophetic Commissioning 1/4*, YouTube-Video, 09:59, vom 28. August 2008, gepostet von *ozricus* (abgerufen im Juni 2016), https://www.youtube.com/watch?v=pqaoskr5wlc

Fernsehsendung „Morningstar Ministries TV" bei Rick Joyner, einem NAR-Apostel, zu Gast. In einer Folge setzte er z. B. gemeinsam mit Rick Joyner Todd Bentley wieder in den christlichen Dienst ein, nachdem Bentley eine Affäre gehabt und die Frau aus dieser Affäre geheiratet hatte.[172] Auf der Webseite „Spirit of Error" wird Johnsons Verbindung zur NAR sehr gut dokumentiert.[173]

Für meine Recherche habe ich alle Bücher Johnsons gelesen und dabei festgestellt, dass er viele Empfehlungen von NAR-Leitern wie Rick Joyner, C. Peter Wagner, Che Ahn und Mike Bickle erhalten hat. Das Vorwort zu einem seiner Bücher wurde von einer populären Konferenz-Rednerin geschrieben, die derzeit in Europa ist: Heidi Baker. Alle Leiter, die positive Statements zu Johnsons Büchern abgegeben und Empfehlungen für ihn geschrieben haben, haben NAR-Verbindungen, und die meisten sind sogenannte Apostel dieser Bewegung.

Ebd., *Todd Bentley's Apostolic and Prophetic Commissioning 2/4, 09:39,*
https://www.youtube.com/watch?v=iVcXMkSrHEQ
Ebd., *Todd Bentley's Apostolic and Prophetic Commissioning 3/4, 08:19,*
https://www.youtube.com/watch?v=QBnnpiV1nlo
Ebd., *Todd Bentley's Apostolic and Prophetic Commissioning 4/4, 04:08,*
https://www.youtube.com/watch?v=VE9IvUsq8Ws

172 *Todd Bentley's restoration with Rick Joyner & Bill Johnson Sermons,*
YouTube-Video, 05:55, vom 8. April 2015, gepostet von „SkyLine TV" (abgerufen im Juni 2016), https://www.youtube.com/watch?v=-nzafj0ylRU&list=-PLCZFj_Ex2zmrGIi8ndK8tpvuNLqP7Iwwm&index=5

173 *Yes, Bethel Redding and Bill Johnson are part of the New Apostolic Reformation,* Spirit of Error (abgerufen im Juni 2016), http://www.spiritoferror.org/2016/05/yes-bethelredding-and-bill-johnson-are-part-of-the-new-apostolic-reformation/5858

Mein Ziel war, die falsche Lehre und die Abweichungen vom historischen Christentum aufzuzeigen, die diese Bewegungen verbreiten. Als Resultat ist deutlich zu sehen, wie diese Bewegungen sich im Endeffekt als wirkliche Gefahr für die biblisch-rechtgläubigen, historisch akzeptierten Sichtweisen über Christus und die anderen erwähnten Lehren positionieren. Die Probleme sind offenkundig, die Lehren wurden klar formuliert und veröffentlicht.

Es war nicht schwierig, diese Lehren aufzudecken. Sie wurden alle veröffentlicht: in YouTube-Predigten, in Interviews, auf ihren Webseiten, Dokumentationen und Blogs (weitere Details zu WDG, DW und NAR sind im Anhang und in der kommentierten Bibliografie zu finden). Als ich für dieses Projekt zahlreiche Predigten von Johnson und anderen NAR-Lehrern hörte, fiel mir auf, dass fast alle schwerwiegende Fehler und Irrlehren enthielten. Um das zu erkennen, muss man diese Lehren lediglich im Licht des Wortes Gottes betrachten. Zum Schluss wollen wir uns von der Schrift sagen lassen, was wir in Bezug auf falsche Lehre und falsche Lehrer tun sollen.

In Judas 3-4 wird uns gesagt, dass wir für den Glauben kämpfen sollen und dass gewisse Menschen sich in die Herde einschleichen und unseren Herrn und Meister verleugnen werden. Epheser 4,14 fordert uns auf, uns nicht von jedem Wind einer Lehre *hin- und herwerfen* und *umhertreiben* zu lassen. In den einleitenden Kapiteln bin ich detailliert auf 1. Timotheus 1,20 eingegangen, wo Paulus zwei Männer, Hymenäus und Alexander, dem Satan übergab, damit sie aufhörten, Gott durch ihre falsche Lehre zu lästern, die sich wie Wundbrand ausgebreitet hatte. Die Autoren des Neuen Testaments gebrauchen eine scharfe Sprache in Bezug auf falsche Lehre. Von meinem Naturell her konfrontiere ich Menschen nicht gerne auf solch harte Weise, aber wenn das Wort Gottes Irrlehre so ernst behandelt, dann sollten wir das auch tun. Man darf Wundbrand im menschlichen Körper nicht zulassen, so als gäbe es kein Problem. Die verunreinigten Stellen müssen entfernt werden, sonst wird der

Infekt den ganzen Körper vergiften. Im Fall von Hymenäus ging es um falsche Lehre bezüglich der Auferstehung. Paulus macht klar, dass diese Irrlehre wie Wundbrand beseitigt werden muss.

Im Fall von WDG, DW und NAR werden unterschiedliche Irrlehren verbreitet, und auch die ausgeübten falschen Praktiken schaffen viele weitere Probleme. Wir müssen handeln, besonders in Bezug auf die schwerwiegenden Fehler, ganz besonders was die christologischen Irrlehren betrifft. In Hebräer 13,9 werden wir aufgefordert, uns nicht durch verschiedenartige (abweichende) und fremde Lehren vom richtigen Weg abbringen zu lassen. In Römer 16,17 wird uns gesagt, dass wir uns vor denjenigen in Acht nehmen sollen, „welche entgegen der Lehre, die ihr gelernt habt, Zwistigkeiten und Ärgernisse anrichten", mit der klaren Aufforderung: „Und wendet euch von ihnen ab." Wir sollen gar nicht erst erwägen, wie viel wir von ihrer Lehre behalten können, bevor wir sie als Irrlehre bezeichnen. Anders ausgedrückt: Wenn einige ihrer zentralen Lehren häretisch sind, ist ihre gesamte Lehre häretisch, und die Bibel fordert uns auf, uns von ihnen abzuwenden. Paulus sagt weiter in Vers 18, dass diese Lehrer nicht Christus dienen, sondern ihren eigenen Begierden, und durch Schmeichelei betrügen sie die Herzen von Leichtgläubigen. In Bezug auf diese Bewegungen, insbesondere Bethel und Bill Johnson betreffend, wird oft argumentiert, dass wir „das Gute behalten und das Schlechte meiden" sollen. Wenn wir allerdings in einer Lehre Häresie entdecken, dann ist es ein sehr gefährlicher Vorschlag zu versuchen, das Gute mitzunehmen und das Schlechte zu meiden, weil man vielleicht gar nicht mehr beurteilen kann, was wahr und was falsch ist. Die Wurzel der Irrlehre wird sich auf den ganzen Baum auswirken, auch auf die Frucht.

Kapitel-Zusammenfassung

Die bibelorientierte evangelikale Bewegung muss sich vor WGD, DW und NAR schützen, die unterschiedliche Irrlehren verbreiten und auch durch die ausgeübten falschen Praktiken viele weitere Probleme verursachen. Besonders aufpassen müssen wir bei den gravierenden Fehlern in Bezug auf die Christologie.

Die Bibel sagt deutlich, dass Pastoren, Älteste und Gemeindeleiter darauf achten sollen, dass Theologie und Lehre korrekt sind, und wenn dem nicht so ist, sollen wir umgehend handeln und die falsche Lehre ausmerzen, wie wir es bei Paulus im Fall von Hymenäus und Philetus sehen.

Das geheimnisvolle Werk des Heiligen Geistes

Ohne den Geist können wir Gott weder lieben,
noch seine Gebote halten.
Augustinus von Hippo

Ich habe bisher viel darüber geschrieben, was in diesen Bewegungen gelehrt wird und warum viele Glaubensinhalte nicht mit den historischen Bekenntnissen der Christenheit übereinstimmen. Jetzt möchte ich möglichst praktisch darauf eingehen, wie das Wirken des Heiligen Geistes im Leben von Gläubigen, der Gemeinde und der Welt aussehen kann. Ich habe das überraschend geheimnisvolle, mächtige und wunderbare Wirken des Heiligen Geistes in meinem eigenen und im Leben derer kennengelernt, denen ich im Laufe meines über 20-jährigen christlichen Dienstes begegnet bin. Ich möchte einige Beispielen nennen, wie der Geist wirkt und wie wir seinen Dienst an uns und der Gemeinde erleben können. Ich möchte auch deutlich machen, wie der Geist in meinem Leben gewirkt hat.

Während meiner Zeit als Jugendpastor, direkt nach der theologischen Ausbildung, wurde ich ein erfolgreicher hauptamtlicher Jugendpastor. Unsere Jugendarbeit wuchs von einer Handvoll Jugendlicher zu einer stattlichen Gruppe von etwa 50 regelmäßigen Teilnehmern. Das Problem war, dass ich zwar ein guter Jugendpastor war, aber eine sehr schwache Beziehung zu Christus hatte. Ich las meistens nur dann in der Bibel und betete, wenn ich eine Predigt vorbereitete oder im Kontext meines Dienstes betete. Ich hatte keine tiefe persönliche Beziehung zu Gott mehr, wie am Anfang meines Glaubenslebens. So hatten sich allerlei Einflüsse in mein Leben eingeschlichen. Ich machte einfach ahnungslos weiter, ohne zu merken, dass ich in eine Art geistliche Bedrängnis hineingerutscht war.

Eines Abends eskalierte das Ganze. Ich lag im Bett und spürte die Realität des Bösen sehr stark. Ich will hier keine Einzelheiten berichten, aber es war zutiefst verstörend. Ich berief mich dann auf das Blut meines Herrn Jesus Christus, und nach einer Weile spürte ich, wie die schlimmen Gedanken und die unheilvolle Atmosphäre nachließen. Es war ein echter geistlicher Kampf, und es dauerte mehrere Stunden, bis ich schließlich wieder einschlafen konnte.

Diese Erfahrung hat mich tief erschüttert. Aber ich erkannte so endlich meine große geistliche Not, dass ich eine tiefere und beständigere Beziehung mit meinem Herrn anstreben musste. Ich tat Buße über die Sünden, in die ich in dieser Zeit verstrickt war. Ich machte ernst damit, ein heiliges Leben in der Kraft des Heiligen Geistes zu führen. Er hatte meine Aufmerksamkeit bekommen! Ich erzähle diese Geschichte, um zu verdeutlichen, dass wir manchmal gegen geistliche Kräfte kämpfen müssen, wie es in Epheser 6,12 beschrieben wird: „Denn unser Kampf ist nicht gegen Fleisch und Blut, sondern gegen die Gewalten, gegen die Mächte, gegen die Weltbeherrscher dieser Finsternis, gegen die geistigen Mächte der Bosheit in der Himmelswelt."

Dominionismus lehrt, dass uns die Aufgabe gegeben wurde, die Herrschaft über diese Erde von Satan zurückzuerobern. Diese theologische Sichtweise scheint zu lehren, dass Gott nicht unbedingt Kontrolle über all jene dunklen Ecken und Orte hat, in welche die Gemeinde hineindrängen muss, um die Kontrolle zurückzugewinnen. Aber ist dann Gott wirklich souveräner Herrscher? Das grundlegende Prinzip hinter dem biblischen geistlichen Kampf ist, dass

Gott vollkommene, souveräne Kontrolle und Autorität über alle Mächte der Dunkelheit hat. In Judas 9 wird berichtet, wie der Erzengel Michael mit dem Teufel über den Körper von Mose stritt. In dieser Begegnung mit Satan sagte Michael: „Der Herr schelte dich!"[174] Michael wagte nicht, den Teufel selbst zu tadeln; er bat den Herrn, es zu tun. Denn er wusste um Gottes Souveränität. Diese Erkenntnis war entscheidend dafür, wie Michael den Kampf führte.

Deshalb ist Dominionismus nicht nur theologisch schwach, sondern führt auch zu falschen Praktiken. Wenn Gott nicht auch souveräne Kontrolle über die Dunkelheit hat, dann stehen wir einem Feind gegenüber, der seine Knie nicht vor dem Namen Jesu beugt. Ich habe weiter oben die Lehre des Dominionismus beschrieben, dass wir Gebiete vom Feind zurückerobern müssen, weil wir die Herrschaft preisgegeben haben oder beim Sündenfall „mit Satan gegen Gott übereinstimmten." Das ist jedoch keine biblische Lehre, und dieser Irrtum kann ernsthafte negative Folgen dafür haben, wie wir den geistlichen Kampf kämpfen.

Als mein Bruder 17 Jahre alt war, hatte er einen lebensbedrohlichen Autounfall. Er brach sich das rechte Bein, beide Arme und Handgelenke, seine rechte Kniescheibe wurde zertrümmert, und er hatte viele weitere Gesichts- und Hautverletzungen. Sein Auto wurde durch einen Baum wie eine Thunfischdose aufgerissen. Ich habe das Auto gesehen, und es war schwer zu glauben, dass jemand das überlebt hatte. Der Baum hatte ihm das Genick gebrochen. Außerdem hatte er schwere Gehirnblutungen. Als ich ihn das erste Mal auf der Intensivstation sah, hätte ich ihn nicht erkannt, wenn nicht meine Mutter neben seinem Bett gestanden hätte, so schwer entstellt war er. Sein Kopf wurde von 26 Klammern zusammengehalten. Einige Tage lang war die Gehirnblutung lebensbedrohlich. Aber wir glauben, dass Gott die Gehirnblutung stoppte – aufgrund des intensiven Gebets vieler Christen.

---

174 Jud 9

Er überlebte die kritischen ersten Tage, doch nach etwa zwei Wochen wurde festgestellt, dass er sich auch den zweiten Halswirbel gebrochen hatte. Denselben Wirbel, den sich der berühmte Schauspieler Christopher Reeves bei seinem Reitunfall gebrochen hatte. Wenn man sich diesen bricht und er dabei das Rückenmark berührt, ist man vom Hals an abwärts querschnittsgelähmt. Gott rettete meinen Bruder im Krankenhaus mehrmals vor dem sicheren Tod. Er beschützte ihn auch davor, dass sein gebrochener Wirbel das Rückenmark berührte. Es dauerte sogar zwei Wochen, bevor die Ärzte im Krankenhaus überhaupt feststellten, dass er sich das Genick gebrochen hatte.

Nachdem er sich ein wenig erholt hatte, musste er dreimal am Genick operiert werden. Bei einer dieser Operationen versuchte einer der führenden Neurochirurgen Amerikas, eine feine Stange durch seinen zweiten Halswirbel zu führen, um diesen wieder mit den anderen Wirbeln zu verbinden. Drei Monate nach dieser Operation verkündete ihm der Arzt, dass die Operation nicht erfolgreich gewesen war. Dieser Spezialist hatte diese Prozedur bereits dreizehnmal vorgenommen. Alle früheren Operationen waren erfolgreich gewesen. Sie entschlossen sich dann für eine Maßnahme, bei der Hüftknochenpulver in die Lücke gefüllt wurde, damit sich dadurch der zweite Halswirbel mit den anderen Wirbeln verbindet. Diese Operation war schließlich erfolgreich.

Diese Geschichte führt uns Gottes mächtiges Schutz- und Heilungswirken vor Augen. Gott hat meinen Bruder geheilt! Und wir haben intensiv dafür gebetet. Wir baten die Ältesten ihn zu besuchen, so wie es uns in Jakobus 5 aufgetragen wird. Heute ist er geheilt. Er ist aufgrund der verschiedenen Operationen sogar ein wenig größer. Er kann seinen Hals nicht ganz drehen und sein Knie schmerzt ihn immer, bevor es anfängt zu regnen. Er wurde durch Gottes mächtige Kraft geheilt, aber nicht so, wie wir es uns vorgestellt hatten. Wenn ich die Macht gehabt hätte, dann hätte ich ihn sofort geheilt. Ich hätte ihn noch auf der Intensivstation aufstehen und herausspazieren lassen, genauso unversehrt wie vor seinem Unfall, aber Gott hatte andere Pläne. Sein Plan war, dass wir zu ihm als unserer einzigen Hilfe und Hoffnung aufschauten, damit er unsere Familie durchs „Tal des Todesschattens" führte. Sein Plan war es, meinen Bruder zu erhalten und sein Leben zu bewahren (Jer 29,11). Er hat es getan, er tut es und er wird das Leben meines Bruders so lange bewahren, wie er ihn auf dieser Erde braucht. Wir vertrauen auf unseren ewigen Arzt, jetzt sogar noch mehr, nachdem wir das mit meinem Bruder durchgestanden haben.

Das ist nur ein Beispiel dafür, wie Gottes erhaltende Kraft Heilung wirkt. Er heilt und stellt Menschen wieder her. Manchmal heilt er durch sofortige Heilung, manchmal durch Ärzte und Medizin und manchmal durch natürliche Wiederherstellung, die er in der Schöpfungsordnung angelegt hat. Ich sehe aber keine biblische Begründung für die Annahme, dass Gott immer oder im Regelfall heilt, oder, wie weiter oben erwähnt, als beständige Folge des Sühnetodes Christi. Heilung und Wunder können uns helfen, Christus näherzukommen, aber sie sind nicht das, was unseren Glauben trägt und antreibt; das ist das Wort Gottes. Tim Chester und Steve Timmis schreiben in ihrem Buch *Total Church:*

Es gibt eine Art von Glauben, der aus dem Sehen übernatürlicher Zeichen kommt, aber wahrer Glaube kommt durch die Worte der Schrift und durch die Worte von Jesus. Johannes schreibt: „Als er aber zu Jerusalem war, am Passah, auf dem Fest, glaubten viele an seinen Namen, als sie seine Zeichen sahen, die er tat. Jesus selbst aber vertraute sich ihnen nicht an, weil er alle kannte". Er kannte die Herzen der Menschen (Joh 2,23-24). Jesus vertraut diesem Glauben nicht, der aus dem Sehen übernatürlicher Zeichen kommt. Und es ist nicht schwer, sich vorzustellen, warum. Solcher Glaube ist eher ein Schönwetter-Glaube. Man glaubt, wenn Zeichen geschehen, Gebete erhört werden und die Dinge gut laufen. Aber es ist nicht die Art Glaube, der den Tod eines Kindes, eine längere Krankenzeit oder ein anderes Trauma durchsteht. Glaube, der durchhält, kommt aus dem Wort Gottes.[175]

Schauen wir uns die typischen Reaktionen auf Heilung im Neuen Testament an. Die Antwort darauf bestand fast immer in Umkehr, Glaube, Anbetung, Nachfolge, Jüngerschaft und Gehorsam unserem Herrn gegenüber. Mit anderen Worten: Die Menschen antworteten auf das Evangelium! Heilung geschah nicht um der Heilung selbst willen, sondern um des Evangeliums willen. Auch Jesus heilte nie einfach nur, weil es gut war. Er heilte, weil ER gut ist. Und er ging dann nicht einfach weg und überließ die Menschen sich selbst. Durch Heilung rief Jesus die Menschen immer zu Umkehr, Glaube und Nachfolge auf. Heilung war eine Art und Weise, durch die Jesus den Menschen half, sich ihm zuzuwenden. Trotzdem führte Heilung nicht immer dazu. Beispielsweise kam von den zehn Aussätzigen nur einer zurück, um Jesus zu danken. Auch die anderen neun waren von einer schweren Hautkrankheit geheilt worden, doch nur einer kam zurück und betete Jesus an. Das ist die Schwäche von Heilungen und Wundern: Sie bewirken nicht automatisch Glauben.

Während dieser sich lange hinziehenden Situation mit meinem Bruder, gebrauchte Jesus die Schwierigkeiten und die Heilung, um uns behutsam zu helfen auf ihn zu schauen, ihm zu vertrauen, uns auf ihn zu stützen, alle unsere Sorgen auf ihn zu werfen. Er antwortete mit einem klaren: „Ja! Ich bin euer guter Hirte!" Sein Stecken und Stab führten uns treu durch das „Tal der Todesschatten".

Um das geheimnisvolle, mächtige und wunderbare Wirken des Geistes noch deutlicher zu machen, möchte ich einige Beispiele aufzeigen, wie er in Gläubigen, seiner Gemeinde und der Welt wirkt.

---

175 Chester, Tim und Steve Timmis, *Total Church: A Radical Reshaping around Gospel and Community* (Wheaton, IL: Crossway Books, 2008). S. 27

In erster Linie geht es dem Heilige Geist darum, Jesus zu verherrlichen und ihn der Welt zu offenbaren, indem er die Herzen der Menschen auf Christus hinlenkt (Joh 16,14). Auf diese Art wirkt er mächtig und übernatürlich (1Kor 2,14). Er wirkt durch Gläubige, indem er ihnen geistliche Gaben schenkt (Röm 12; 1Kor 12; Eph 4). Er wirkt auf ordentliche Art und Weise und nicht chaotisch oder in Unordnung (1Kor 14,33). Er wirkt so, dass Menschen die Botschaft aufnehmen können, und seine Botschaft zielt darauf ab, Menschen von ihrer Sünde und Schuld zu überführen (Joh 16,8). Er wirkt, indem er den Gläubigen zur Seite steht und sie stärkt (in Joh 16,7 wird er „Beistand" bzw. „Fürsprecher" oder „Helfer" genannt). Er wohnt in den Gläubigen und versiegelt sie zur Rettung auf den Tag der Erlösung hin (Eph 1,13; 4,30; 1Kor 3,16-17). Er erfüllt die Menschen, damit sie ein geheiligtes Leben führen können (Eph 5,18; Gal 5,16-21). Anders ausgedrückt: Ein Gläubiger, in dem der Heilige Geist wohnt und der von ihm erfüllt ist, wird ein heiliges, hingegebenes und siegreiches Leben über die Sünde führen. Der Geist führt uns in alle Wahrheit (Joh 16,13). Er tröstet uns und lässt uns nicht wie Waisen allein (Joh 14,18; 2Kor 1,4). Der Geist schenkt uns die Worte, wenn sie uns fehlen. Er seufzt mit uns „in unaussprechlichen Seufzern" (Röm 8,26-27). Der Geist wird uns nie dazu veranlassen, etwas zu tun, was der Schrift widerspricht. Und schließlich wirkt er in den Gläubigen die Frucht des Geistes (Gal 5,22-23).

Diese Liste, wie der Heilige Geist nach der Bibel wirkt, ist nicht umfassend. Ich kenne natürlich auch nicht jede mögliche Art und Weise seines Wirkens. Denn letztlich ist dies ein Geheimnis. Ich habe einige biblische Aussagen zum Wirken des Geistes zusammengestellt und mit persönlichen Erfahrungen ergänzt, um uns einen Mindestrahmen für das Wirken des Heiligen Geistes in den Gläubigen, der Gemeinde und der Welt zu geben. Ich möchte aber deutlich machen: Der Heilige Geist wird niemals im Widerspruch zu den Aussagen der Schrift wirken. Außerdem ist meine Erfahrung nicht autoritativ. Meine Erfahrungen mit dem Heiligen Geist bestätigen nicht die Schrift, meine Erfahrungen werden vielmehr durch die Schrift bestätigt. Ich möchte treu darin sein, die Wege Gottes anzunehmen, wie er sein Wirken in der Schrift geoffenbart hat. So bekomme ich Gewissheit und wahre das Geheimnis seiner Wege. Ich bin jedoch überzeugt, dass die NAR-, DW- und WDG-Bewegungen den Dienst des Heiligen Geistes nicht so lehren und praktizieren, wie es die Bibel uns lehrt.

Kapitel-Zusammenfassung

Meine Erfahrungen mit dem Heiligen Geist bestätigen nicht die Schrift, vielmehr werden meine Erfahrungen durch die Schrift bestätigt.

Die Bibel gibt uns klare Orientierung darüber, wie der Geist im Leben der Gläubigen, der Gemeinden und der Welt wirkt. Dabei sind seine Wege gewiss, bleiben aber geheimnisvoll.

Gottes Urteil über falsche Lehrer und Propheten

Es waren aber auch falsche Propheten unter dem Volk,
wie auch unter euch sein werden falsche Lehrer,
die verderbliche Irrlehren einführen und verleugnen
den Herrn, der sie losgekauft hat; die werden über sich selbst
herbeiführen ein schnelles Verderben. Und viele werden
ihnen folgen in ihren Ausschweifungen; um ihretwillen wird
der Weg der Wahrheit verlästert werden. Und aus Habsucht
werden sie euch mit erdichteten Worten zu gewinnen suchen.
Das Urteil über sie wirkt seit Langem, und ihr Verderben
schläft nicht.
2. Petrus 2,1-3 (LUT)

2. Petrus 2,1-3 ist eine deutliche Anklage gegen falsche Propheten und Lehrer. Dort wird gesagt, dass Irrlehrer im Leib Christi auftreten werden. Sie werden zerstörerische Irrlehren einführen und sogar den Herrn verleugnen, der sie losgekauft hat (d. h. sie werden Christus als Gott leugnen). Diese zerstörerischen Irrlehren missachten die Wahrheit, und Menschen werden durch diese falschen Worte irregeführt und ausgenutzt. Das Ende von Vers 3 ist einer der bekanntesten und noch dazu schärfsten Verse gegen Irrlehrer. „Das längst über sie gesprochene Urteil vollzieht sich schon,

und ihr Untergang lässt nicht auf sich warten.“[176] Mit anderen Worten: Gott hat einen Tag festgelegt, an dem sie gerichtet werden, und dieses Gericht lässt alle Irrlehrer verstummen.

Das ist keine leere Drohung von Gott. Er wird das kommende Gericht an ihnen vollziehen. Paulus schreibt Timotheus auch, dass er seine Lehre bewahren und schützen soll. In 1. Timotheus 6,3-10 werden Irrlehrer als überheblich und geldliebend beschrieben. Sie „meinen, die Gottseligkeit sei ein Mittel zum Gewinn“. Paulus führt weiter aus, dass wir mit dem, was wir haben, zufrieden sein sollen, dass die Geldliebe „eine Wurzel alles Bösen“ ist und dass einige deshalb „von dem Glauben abgeirrt sind und sich selbst mit vielen Schmerzen durchbohrt haben.“[177] Warum sollte Gott am Kreuz etwas erwerben (Reichtum und Wohlstand), von dem Paulus sagt, dass es uns vom Glauben abbringen kann? Das wäre absurd und kontraproduktiv, aber Johnson, WDG, DW und NAR lehren in ihrer Sichtweise des Sühneopfers genau das.

---

176 2Petr 2,3 (ZB)

177 1Tim 6,3-10

Kapitel-Zusammenfassung

2. Petrus 2,1-3 beschreibt ein Gericht über Irrlehrer, welches „sich schon vollzieht", sodass deren „Untergang nicht auf sich warten lässt", was bedeutet, dass Gott die Irrlehrer mit seinem Gericht zum Schweigen bringen und sie verurteilen wird.

Warum sollte Gott am Kreuz etwas erwerben (Reichtum und Wohlstand), von dem Paulus sagt, dass es uns vom Glauben abbringen kann?

Fazit

Der ewige Christus ist die fleischgewordene Wahrheit! Alles,
was er sagte, tat und tun wird, war und ist vollkommen,
absolut und unbestreitbar für immer und ewig wahr.

Ihn verkündigen wir, indem wir jeden Menschen ermahnen
und jeden Menschen in aller Weisheit lehren, um jeden
Menschen vollkommen in Christus darzustellen; worum
ich mich auch bemühe und kämpfend ringe gemäß seiner
Wirksamkeit, die in mir wirkt in Kraft.
Kolosser 1,28-29

Zum Schluss halten wir fest: Die Bibel sagt uns durch Johannes deutlich, dass wir jeden Geist prüfen und nicht einfach alles glauben sollen, weil es falsche Propheten in der Welt gibt. 1. Johannes 4,1-6 gibt uns klare Anweisungen bezüglich falscher Lehre:

Geliebte, glaubt nicht jedem Geist, sondern prüft die Geister, ob sie aus Gott sind! Denn viele falsche Propheten sind in die Welt hinausgegangen. Hieran erkennt ihr den Geist Gottes: Jeder Geist, der Jesus Christus, im Fleisch gekommen, bekennt, ist aus Gott; und jeder Geist, der nicht Jesus bekennt, ist nicht aus Gott; und dies ist der Geist des Antichrists, von dem ihr gehört habt, dass er komme, und jetzt ist er schon in der Welt. Ihr seid aus Gott, Kinder, und habt sie überwunden, weil der, welcher in euch ist, größer ist als der, welcher in der Welt ist. Sie sind aus der Welt, deswegen reden sie aus dem Geist der Welt, und die Welt hört sie. Wir sind aus Gott; wer Gott erkennt, hört uns; wer nicht aus Gott ist, hört uns nicht. Hieraus erkennen wir den Geist der Wahrheit und den Geist des Irrtums.[178]

Wir sehen hier also deutlich, dass wir jeden Geist prüfen sollen, weil es viele falsche Propheten in der Welt gibt. Jeder Geist, der bekennt, dass Jesus Christus Gott ist, besteht die Prüfung. Unglücklicherweise, und es macht mich traurig, dies schreiben zu müssen, bin ich aufgrund meiner Recherche zu dem Schluss gekommen, dass die Lehre von WDG, DW und NAR sowie von Bill Johnson, Ben Fitzgerald *(Awakening Europe)* und Bethel Church in Redding diese Prüfung nicht besteht, wenn man sie im Licht der Schrift und im Hinblick auf historische Irrlehren betrachtet. Alle Christen, die Christus ehren, sollten davor gewarnt werden.[179]

Während meiner Recherche wurde ich zu den vermeintlich echten Heilungen, Dämonenaustreibungen und Wundern befragt, die in dieser Bewegung angeblich geschehen, besonders in Bethel. Ich möchte folgende Gedanken dazu weitergeben, weshalb offenbar wirkliche Zeichen und Wunder passieren. Die Bibel sagt eindeutig, dass es Menschen geben wird, die mit dem Übernatürlichen Umgang haben und große Wundern wirken, und doch werden sie von Christus zurückgewiesen. Jesus selbst sagt:

Hütet euch vor den falschen Propheten, die in Schafskleidern zu euch kommen! Inwendig aber sind sie reißende Wölfe. An ihren Früchten werdet ihr sie erkennen. Liest

---

178 1Jo 4,1-6
179 2Tim 4,2; Tit 3,10-11

man etwa von Dornen Trauben oder von Disteln Feigen? So bringt jeder gute Baum gute Früchte, aber der faule Baum bringt schlechte Früchte. Ein guter Baum kann nicht schlechte Früchte bringen, noch kann ein fauler Baum gute Früchte bringen. Jeder Baum, der nicht gute Frucht bringt, wird abgehauen und ins Feuer geworfen. Deshalb, an ihren Früchten werdet ihr sie erkennen. Nicht jeder, der zu mir sagt: Herr, Herr!, wird in das Reich der Himmel hineinkommen, sondern wer den Willen meines Vaters tut, der in den Himmeln ist. Viele werden an jenem Tage zu mir sagen: Herr, Herr! Haben wir nicht durch deinen Namen *geweissagt* und durch deinen Namen *Dämonen ausgetrieben* und durch deinen Namen *viele Wunderwerke getan* (eigene Hervorhebung)? Und dann werde ich ihnen bekennen: Ich habe euch niemals gekannt. Weicht von mir, ihr Übeltäter![180]

Auch das Alte Testament spricht von Propheten, die in der Lage sein werden, Übernatürliches zu wirken und Zeichen und Wunder zu tun. In 5. Mose 13,2-6 wird Israel erklärt, wie sie mit ihnen umgehen sollen:

Wenn in deiner Mitte ein Prophet aufsteht oder einer, der Träume hat, und er gibt dir ein *Zeichen oder ein Wunder*, und das *Zeichen oder das Wunder* (eigene Hervorhebung) trifft ein, von dem er zu dir geredet hat, indem er sagte: „Lass uns anderen Göttern – die du nicht gekannt hast – nachlaufen und ihnen dienen!", dann sollst du nicht auf die Worte dieses Propheten hören oder auf den, der die Träume hat. Denn der HERR, euer Gott, prüft euch, um zu erkennen, ob ihr den HERRN, euren Gott, mit eurem ganzen Herzen und mit eurer ganzen Seele liebt. Dem HERRN, eurem Gott,

---

180 Mt 7,15-23

sollt ihr nachfolgen, und ihn sollt ihr fürchten. Seine Gebote sollt ihr halten und seiner Stimme gehorchen; ihm sollt ihr dienen und ihm anhängen (...) Und du sollst das Böse aus deiner Mitte wegschaffen.

Neben den Worten von Christus sehen wir in dieser Stelle in 5. Mose einen weiteren biblischen Hinweis, dass sogenannte Propheten in der Lage sein werden, Wunder zu wirken, dabei aber versuchen, das Volk Gottes weg von der Anbetung des einen wahren Gottes hin zur Anbetung anderer Götter und zu abweichenden Theologien zu führen. Bei diesen beiden Warnungen geht es darum, dass wir nicht an die Wunder glauben sollen, weil sie irreführend sind oder nicht von Gott, sondern aus anderen Quellen stammen können. Vielmehr sollen wir dem Evangelium und dem Wort Gottes glauben und vertrauen. Wir sollen einer Botschaft nur dann vertrauen, wenn sie mit dem Wort Gottes und den rechtgläubigen Lehren der Christenheit übereinstimmt.

Auch der große Reformator Martin Luther hat sich in einer Predigt mit dem Titel „Am Tage der Himmelfahrt Christi" über „Zeichen und Wunder" geäußert:

Man soll nicht verstehen, dass dies allein die Zeichen sind, welche die Gläubigen tun werden, die hier Christus der Herr rührt; auch nicht denken, dass es alle Christen tun werden: Sondern also meint es Christus, dass es alle Christen können und mögen tun. Denn wenn ich gläubig bin, so kann ich's tun und steht in meiner Gewalt; denn der Glaube gibt mir so viel, dass mir nichts unmöglich ist; und darum, wenn es not wäre und dienet dazu, dass das Evangelium ausgebreitet würde, so könnten wir's wohl tun; weil es aber nicht Not ist, so tun wir's nicht. Denn Christus hat nicht also geredet, dass sie immer so müssen ergehen und solches tun; sondern dass sie es Macht haben und können tun. Und solcher Zusagung haben wir viel hin und her. Als da Christus im Evangelium Johannes, Kap. 14,12 spricht: „Wer an mich glaubet, der wird die Werke oder Zeichen auch tun, die ich tun, und wird auch größere denn diese tun." Darum soll man diese Worte auch bleiben lassen und nicht andere Glossen darüber machen; wie denn etliche gesagt haben, dass die Zeichen sind gewesen Offenbarung des Geistes im Anfang der Christenheit, und haben nun aufgehört.[181]

Was wir von Luthers Worten mitnehmen können, ist, dass Zeichen und Wunder nicht unbedingt normativ sind, noch nicht einmal üblich, sondern dass wir vielmehr durch den Glauben Zugang zu ihnen haben, um das Evangelium zu verbreiten.

Aber warum ist es möglich, dass im Namen Jesu manchmal übernatürliche Dinge und Wunder getan werden, obwohl die, die sie wirken, im Widerspruch zur gesunden, rechtgläubigen Lehre des Christentums stehen?

In Apostelgeschichte, Kapitel 19 lesen wir die Geschichte über sieben Söhne des Hohenpriesters namens Skevas. Umherreisende Exorzisten trieben Dämonen aus, indem sie den Namen Jesus beschworen. Sie schienen damit Erfolg zu haben. Aber der Text vermittelt uns den Eindruck, dass diese Exorzisten Betrüger waren oder zumindest den Namen Jesu anriefen, ohne wirklich Christen zu sein. In jedem Fall können wir dem Text gewiss entnehmen, dass die sieben Söhne Skevas' Betrüger waren. Sie reisten herum und trieben Dämonen im Namen Jesu, den Paulus predigte, aus. Bei einer dieser Gelegenheiten antwortete ihnen ein Dämon und sagte: „Jesus kenne ich, und von Paulus weiß ich. Aber ihr, wer seid ihr?" Der besessene Mann sprang auf diese sieben Männer los und verpasste ihnen solche Prügel, dass sie nackt und blutend aus dem

---

181 Luther, Martin, *Kirchen-Postille*, Hrsg. Dr. J. G. Walch, Lutherischer Concordia-Verlag, 1882, S. 941

Haus flohen. Diese biblische Geschichte zeigt uns, dass Menschen in der Lage sind, großartige Zeichen und Wunder zu wirken, oft auch mit großem Erfolg, aber manchmal erkennen die Dämonen diejenigen nicht an, die versuchen, den mächtigen Namen Jesu zu nutzen.

Im Folgenden nenne ich drei konkrete Möglichkeiten, warum Leute in der Lage sind, Übernatürliches zu wirken, obwohl sie Irrlehrer sind und am Tag des Gerichts von Christus zurückgewiesen werden.

Eine erste Möglichkeit ist: Gott ist mächtig und souverän und wirkt manchmal auch durch Menschen, die ihm nicht dienen oder ihn sogar ablehnen, dieser Gedanke wurde oben schon erwähnt.

Eine zweite Möglichkeit, warum falsche Lehrer in der Lage sind, übernatürliche Macht auszuüben oder etwas zu wirken, das wie christliche Wunder aussieht: Sie wirken sie durch die übernatürliche Kraft des Feindes und schreiben dieses Wirken Christus und seinem Namen zu. Wie wir in der Geschichte der sieben Söhne von Skevas gesehen haben, waren sie Schwindler, Betrüger und Hochstapler, die den Namen Jesu anriefen, aber in Wirklichkeit durch die Macht des Feindes wirkten. Gibt es in Animismus, Volksreligionen, New Age, Totenbeschwörung, Wahrsagerei, Astrologie, Hellseherei, Zauberei, Hexerei und anderen okkulten Praktiken übernatürliche Macht? Ja, selbstverständlich – und die Bibel verbietet uns, solche Praktiken auszuüben.

Eine dritte Möglichkeit, weshalb falsche Lehrer in der Lage sind, Wunder zu wirken, ist, dass es sich gar nicht um echte Wunder handelt. Es mag sein, dass Menschen in einem gewissen Sinn Heilung erleben. Im Eifer des Gefechts fühlen sich manche Menschen vielleicht besser oder sind voller Adrenalin oder empfinden sich geheilt aufgrund eines emotionalen Hochs, aber sie werden nicht wirklich von zerebraler Lähmung, Krebs usw. geheilt. Im Rahmen meiner Recherche habe ich mir stundenlang verschiedene Dokumentationen und Videos über sogenannte Heilungen angeschaut, habe aber bisher keine einzige gesehen, in der ein Mensch gezeigt wurde, der auf Nachfrage gesagt hätte, er sei von Krebs oder einer anderen schweren Krankheit geheilt worden, und einen entsprechenden medizinischen Nachweis erbrachte. Bisher ist mir noch kein medizinisch fundierter Beweis begegnet, obwohl diese Bewegungen behaupten, solche erbracht zu haben. Ich will damit nicht sagen, dass Gott heute nicht mehr heilt. Das kann und tut er auch (Jak 5,13-16). Aber oft geschieht in diesen Bewegungen eben keine echte Heilung. Nach meiner persönlichen seelsorgerlichen Erfahrung geschehen biblische Heilungen eher hinter verschlossenen Türen, wenn die Ältesten zum Gebet gerufen werden, wie es uns in Jakobus aufgetragen wird, anstatt spektakulär auf einer Bühne, auf der Menschen aufmarschieren, damit der Glaubensheiler ihnen die Hände auflegen kann.

Menschen, die dieser Bewegung wohlwollend gegenüberstehen, fragen vielleicht: „Sollen wir denn keine Gefühle und Erfahrungen in Bezug auf den Herrn haben?" Meine Antwort darauf ist ein klares „Doch!" Wir sollen unsere Liebe zu Christus anfachen. Konkret sollen wir Gewohnheiten entwickeln, die unsere Liebe zu Jesus fördern. Wir sollen unseren Alltag unterbrechen, um Dinge zu tun, die uns aus der Eintönigkeit reißen und in eine tiefere und liebendere Beziehung mit dem Herrn führen. Dinge, die uns dabei helfen können, unsere Liebe anzufachen, sind Gebet, Bibelstudium und Meditation (Nachsinnen über sein Wort), Lobpreis (sowohl gemeinschaftlich als auch privat), Dienen, treues Verwalten dessen, was er uns anvertraut hat, Enthaltsamkeit, bewusst gesuchte Stille und Einsamkeit. Diese Gewohnheiten können uns helfen, eine tiefere Nähe mit Gott zu finden.

Ich habe oft den Satz gehört: „Ich will Gott nicht in eine Schublade stecken." Ich verstehe, was damit gemeint ist. Man will Gott in all seiner Fülle erleben, ohne irgendwelche Begrenzungen. Mein Problem mit dieser Aussage ist, dass Gott sich sozusagen selbst in eine Schublade gesteckt hat. Er selbst gibt gewisse Begrenzungen für seine Anbetung vor. Der ewige, unbeschreibliche Gott des Himmels hat sich selbst in einem Buch geoffenbart, das ihn in anschaulichen

Details beschreibt. Er gab uns die Möglichkeit, ihn zu erleben, indem sein Sohn „ins Fleisch" kam und einer von uns wurde. Er hat sich uns zu erkennen gegeben. Sein Wort, die Bibel, ist seine Art, sich zu erkennen zu geben. Der ewige Gott begrenzt sich selbst, macht sich erkennbar, um von den Menschen erkannt zu werden. Gott hat sich selbst beschränkt, um sich in einem Buch zu offenbaren. Er tat das aus Gnade. Und hätte er es nicht getan, könnten wir ihn nicht kennen.

Wir können ihn erkennen und unsere Liebe zu ihm durch die Mittel anfachen, die er uns selbst gegeben hat. Es gibt jedoch Anbetungsmethoden, die der biblischen Tradition nicht entsprechen. Manche dieser Praktiken der Anbetung, welche die NAR ausübt, hat Gott strengstens verboten. Diese Praktiken und Formen wurden hier mehrfach benannt. Manches in diesen Bewegungen verfolgt vermeintlich das Ziel, unsere Liebe zu Christus anzufachen, facht stattdessen jedoch nur unseren Hunger nach emotionalen Erfahrungen an. Wir sollten darauf achten, nur die Dinge zu tun, die Gott selbst uns erlaubt, um ihn kennenzulernen und zu erfahren. Wenn wir diese biblisch-geistlichen Übungen in unserem Leben praktizieren, werden wir eine Liebe zum Herrn entwickeln, die gesund und reif ist.

Problematisch ist es immer dann, wenn unsere Gefühle und Erfahrungen nicht in der Erkenntnis und im richtigen Verständnis der biblischen Wahrheit gegründet sind. Wenn Gefühle und Erfahrungen wichtiger als biblische Wahrheit werden, dann besteht die Gefahr, dass wir unsere auf Gefühlen beruhenden Erfahrungen zu unserer Wahrheit erheben. Außerdem kann es dazu führen, dass wir uns für geistliche Mächte öffnen, die nicht von Gott sind. Deswegen ist biblisches Wissen so wesentlich. Unser biblisches Wissen hilft uns dabei, die Wahrheit zu erkennen. Wenn wir im Wort Gottes zu Hause sind, fördert das unser biblisches Urteilsvermögen.

Relativismus zerstört biblische Wahrheit, denn er relativiert sie: Meine Erfahrung ist meine Wahrheit, und deine Erfahrung ist deine

Wahrheit. So hat der Relativismus eine Art Götzendienst geschaffen: die Anbetung oder Verehrung unserer eigenen emotionalen Erfahrungen. Auch als Christen stehen wir in der Gefahr, dieser Art des götzendienerischen Relativismus anheimzufallen. Deswegen müssen wir unsere geistlichen Erfahrungen mit biblischer Wahrheit in Einklang bringen. Dann wird unser Urteilvermögen gestärkt und uns warnen, wenn etwas verkehrt ist.

Zum Schluss dieses Buches bitte ich den Leser, sorgfältig und unter Gebet zu prüfen, ob er diese „brandige, abweichende" Lehre, Theologie und Praktik in seiner Gemeinde zulassen will. Ich bitte Gemeindeleiter und Pastoren, für sich selbst zu prüfen, ob sie (weiterhin) Materialien benutzen, Konferenzen und Erweckungsveranstaltungen besuchen wollen, die von der Bethel Church, Bill Johnson, den WGD-, DW- oder NAR-Bewegungen bzw. ihren Partnern veranstaltet oder unterstützt werden. Es kann Ihrem Glauben und dem Glauben Ihrer Gemeinde Schaden zufügen.

In den 20 Jahren meiner Jugend- und Gemeindearbeit war ich persönlich Zeuge von den zerstörerischen Wirkungen dieser Lehren. Ich habe mich in diesem Buch bemüht, die Beweise gewissenhaft zusammenzutragen, damit Sie selbst eine fundierte Entscheidung treffen können. Ist es nicht weise, entweder erst gar keine Verbindungen mit diesen Bewegungen einzugehen oder aber sie abzubrechen? Mein Anliegen ist, dass meine geschätzten Leser durch das Wort Gottes und den Heiligen Geist zu einer eigenen, biblisch fundierten Einsicht und Entscheidung gelangen.

Kapitel-Zusammenfassung

Es ist möglich, dass Menschen in übernatürlicher Macht große Wunder wirken, OHNE Nachfolger Christi zu sein (Mt 7,15-23; 5Mo 13,2-6).

Es gibt drei Möglichkeiten, weshalb falsche Lehrer in der Lage sind, Wunder zu wirken:

Gott ist mächtig und souverän und wirkt manchmal auch durch Menschen, die ihm nicht dienen oder ihn sogar ablehnen.

Sie wirken durch die übernatürliche Kraft des Feindes und schreiben dieses Wirken Christus zu.

Bei den Zeichen und Wundern handelt es sich überhaupt nicht um echte Wunder.

Bitte gebrauchen Sie Ihr biblisch-geistliches Urteilsvermögen in Bezug auf WDG, DW oder NAR.

Anhang I:
Zitierte Quellen /
Quellenverweise

Kritik aus einer Zeitung aus Redding sowie andere Kritiken
https://pdfslide.net/documents/bethels-signs-and-wonders-include-angel-feathers-bethels-signs-and-wonders.html[182]
https://www.youtube.com/watch?v=dWeUNoR30_0
https://www.youtube.com/watch?v=7fuhR7WEnrI
http://www.huffingtonpost.com/pastor-rick-henderson/osteen-meyer-prosperity-gospel_b_3790384.html
http://www.bible.ca/tongues-encyclopedia-pentecostal-preachers.htm

Häretische Zitate von Bill Johnson
http://www.zedekiahlist.com/cgi-bin/quotes.pl?&id=57408920

Umfassende Kritik an Bethel
http://jesuscultureawakening.blogspot.de/search/label/Bill%20Johnson#.VvG06Md07zJ

---

182 Für alle Internetadressen im Anhang 1 und 2 gilt: Abruf am 5.12.2019

Gründliche Darlegung von Irrlehren innerhalb der Lehren Bethels
https://shepherdguardian.wordpress.com/2013/09/05/heresy-alert-bill-johnson-jesus-culture-and-bethel-church/

Bethel-TVs eigenes Video der Herrlichkeitswolke
https://www.youtube.com/watch?v=lvJMPccZR2Y

Weitere Wohlstandslehren auf dem YouTube-Kanal von Bethel-TV
https://www.youtube.com/user/ibeteltv/videos

Schmelzer, Carsten (Vinyard AG Theologie)
Einblicke in Bill Johnsons Heilungstheologie
http://pastor-storch.de/wp-content/uploads/2011/09/Bill-Johnsons-Heilungstheologie.pdf (EPUB File)

Kariuki, Mumbi. *Deception In The Church*: The New Apostolic Reformation

And The Emergent Church. N.p.: CreateSpace Independent Platform, 2016. Print.

Osborn, Fredrick. *The New Reformation: An Assessment of the New Apostolic Reformation from Toronto to Redding.* N.p.: Fredrick Osborn, 2015.

Geivett, R. Douglas und Holly Pivec. *A New Apostolic Reformation?: A Biblical Response to a Worldwide Movement.* Print.

Geivett, R. Douglas und Holly Pivec. *God's Super-apostles: Encountering the Worldwide Prophets and Apostles Movement.* Print.

McConnell, D. R. *A Different Gospel: A Historical and Biblical Analysis of the Modern Faith Movement.* Peabody, MA: Hendrickson, 1988. Print.

Ross, Christopher. *The New Apostolic Reformation: An Analysis and Critique.* 2005. Print.

Simpson, Sandy. *The New Apostolic Reformation: What Is It and Where Is It Going?* Pearl City, HI: Apologetics Coordination Team (ACT), 2004. Print.

Strom, Andrew. *Kundalini Warning: Are False Spirits Invading the Church?* United States: Revival School, 2010. Print.

Weaver, John. *The New Apostolic Reformation: History of a Modern Charismatic Movement.* Print.

Anhang II:
Bill-Johnson-Zitate und Zusammenhänge

Bill Johnson lehrt das Gesundheitsevangelium
https://www.youtube.com/watch?v=UzAwFYKe3h0

Heilung im Sühneopfer
http://youthapologeticstraining.com/bill-johnson-and-healing-in-the-atonement/

Biblische Aussagen über Totenbeschwörung
http://bible.knowing-jesus.com/topics/Necromancy

Bill Johnson: Wolf im Schafspelz
http://www.thebereancall.org/content/august-2012-q-and-a-1

Dokumentation über die Lakeland-Erweckung: Todd Bentley wurde von Bill Johnson zum Apostel gesalbt während eines NAR- und Salbungsgottesdienstes. Bald danach ließ sich Bentley von seiner Frau aufgrund von „unüberbrückbaren Differenzen" scheiden. Er hatte eine anhaltende Affäre mit seiner Assistentin. https://www.youtube.com/watch?v=UDEsXVUQeLo

Bill Johnson: Gott verursacht keine Krankheit und erlaubt sie auch nicht
https://www.youtube.com/watch?v=0iXrX9eSHWA

Bill Johnson über Goldstaub und Engelsfedern
https://www.youtube.com/watch?v=tcPkOR4Lwj0

Ben Fitzgerald beim „Grabsaugen" an zwei verschiedenen Gräbern
https://www.youtube.com/watch?v=LrHPTs8cLls

Kundalini-Praktiken
https://de.wikipedia.org/wiki/Kundalini

Kritik am Toronto-Segen aus biblisch-rechtgläubiger Sicht
http://orthodoxinfo.com/inquirers/toronto.aspx

Smith Wigglesworth: Ben Fitzgerald besuchte dessen Grab, um den Heiligen Geist aus seinen Gebeinen zu „saugen".
https://www.youtube.com/watch?v=LrHPTs8cLls
https://de.wikipedia.org/wiki/Smith_Wigglesworth

Bill Johnson lehrt, dass Jesus sich seiner Göttlichkeit entäußerte
https://www.lighthousetrailsresearch.com/blog/?p=15854/

Bill Johnson: wiedergeborener Jesus, Teil 1
https://notunlikelee.wordpress.com/2010/09/17/bill-johnsons-born-again-jesus-part-i/

Bill Johnson: wiedergeborener Jesus, Teil 2
https://notunlikelee.wordpress.com/2010/11/07/bill-johnsons-born-again-jesus-part-ii/

Bill Johnson: New-Age-Christus Teile 1-4

https://notunlikelee.wordpress.com/2012/03/11/bill-johnsons-christology-a-new-age-christ/

https://notunlikelee.wordpress.com/2012/04/02/bill-johnsons-christology-a-new-christ-part-ii/

https://notunlikelee.wordpress.com/2012/04/17/bill-johnsons-christology-a-new-age-christ-part-iiia/

https://notunlikelee.wordpress.com/2012/04/27/bill-johnsons-christology-a-new-age-christ-part-iiib/

https://notunlikelee.wordpress.com/2012/06/25/bill-johnsons-christology-a-new-age-christ-part-iv-conclusion/

Wort des Glaubens Sühnetod-Lehre

http://givingananswer.org/2004/12/17/atonement-in-the-word-of-faith-movement/

Jesus Culture

Jesus Culture ist eine Bewegung, die aus Bethels Jugendarbeit hervorgegangen ist. Auf einer Jesus-Culture-Konferenz in Cleveland behauptete eine Teilnehmerin, dass sie ein Baby von den Toten auferweckt habe, weil sie „den Geist des Todes zurechtgewiesen" hatte, der in dem Kind war. https://www.youtube.com/watch?v=z-4HwXwqgf1s (abgerufen im April 2017)

Bill Johnson auf Deutsch

https://www.youtube.com/watch?v=2c6kyfXzhG0

John Crowder ist ein Vertreter der „Drunken Glory"- (Trunkene Herrlichkeit) Bewegung

Er wurde von Johnson auf Twitter empfohlen
https://www.youtube.com/watch?v=mNGPA6Idopg

Verstörende Zitate
Bill Johnsons

Und der Himmel bricht herein[183]

Christologische Irrlehren (Adoptionismus): „Die Salbung war die Verbindung zwischen dem Göttlichen und dem Menschen Jesus und sie befähigte Ihn, die Werke des Teufels zu zerstören." (S. 100)

Gegen die Dreieinigkeit: „Der Heilige Geist offenbarte Ihm (Jesus) den Vater." (S. 101)

Jesu Salbung durch Erfahrung: „Jesus Nachname lautet nicht Christus. Das Wort ‚Christus' bedeutet ‚der Gesalbte' oder ‚Messias' und ist ein Ehrentitel, der auf ein Erlebnis hinweist. Es hatte nicht genügt, Jesus nur mit einem Titel auf die Erde zu schicken. Er musste die Salbung über eine Erfahrung empfangen, um das zu erreichen, wonach sich der Vater sehnte." (S. 99)

Jesus war nicht göttlich, legte seine Göttlichkeit ab, Leugnung der Präexistenz Jesu und der Hypostase: „Jesus konnte keine Kranken heilen. Er konnte auch die von Dämonen Gepeinigten nicht befreien oder Tote auferwecken. Hier etwas anders zu glauben würde bedeuten, Seine Aussagen über sich selbst zu ignorieren und, was noch wichtiger ist, den Zweck Seiner selbst auferlegten

---

183 Bill Johnson, *Und der Himmel bricht herein: wie man ein Leben voller Wunder führt*, 2007, Vaihingen/Enz: Grain-Press

Einschränkung, wie ein Mensch zu leben, nicht zu begreifen" (S. 33-34)

Mit Bezug auf Johannes 5,19 führt Johnson aus, dass Jesus nichts von sich aus habe tun können. Dabei meint das griechische Wort für „nichts" „absolut gar nichts". Er fährt fort: „Er besaß keine wie auch immer gearteten übernatürlichen Fähigkeiten! Obwohl er hundertprozentig Gott ist, entschied er sich für ein Leben innerhalb der Grenzen, die ein Mensch vorfindet, sobald er erlöst ist. Er betonte das immer wieder. Jesus wurde zum Vorbild für alle, die sich einladen lassen, in Seinem Namen in das Unmögliche vorzudringen. Zeichen und Wunder vollbrachte Er als ein Mensch, der mit Gott in der richtigen Beziehung stand ... nicht als Gott. Hätte Er sie in Seiner Eigenschaft als Gott vollbracht, wären sie für uns unerreichbar. Aber wenn Er sie als Mensch tat, dann liegt es in meiner Verantwortung, Seinem Lebensstil zu folgen. Die Rückkehr zu dieser einfachen Wahrheit verändert alles ... und ermöglicht eine völlige Wiederherstellung des Dienstes Jesu in seiner Gemeinde."

Wunder hängen von uns und unserer Sehnsucht ab: „Die Ursache für den Mangel an Wundern ist nicht der fehlende Wille Gottes. Das Problem sitzt zwischen unseren Ohren. Demzufolge benötigen wir Transformation – die Erneuerung des Denkens – und das ist nur durch das Wirken des Heiligen Geistes möglich, der – typisch für ihn – auf die hoffnungslosen Menschen kommt"[184] (S. 30)

War das Evangelium bis jetzt nicht echt? „Geschichten wie diese werden zur Norm (z. B. Wunder) und die Gruppe der Menschen, die sich der Suche nach dem echten Evangelium anschließen – das Evangelium vom Reich Gottes – wird immer größer. Gott und sein Volk zu lieben ist eine Ehre." (S. 30)

---

184 Anmerkung des Übersetzers: Wo hier „hoffnungslos" übersetzt wird, benutzt Johnson im Original das Wort „desperate", was nicht „hoffnungslos", sondern „verzweifelt" oder „sich dringend nach etwas sehnen" bedeutet.

Dominionismus:

Auf den Seiten 34-35 geht Johnson auf den Garten Eden ein, einen Ort, „wo Schönheit und Frieden ihren höchsten Ausdruck durch den Vater fanden". Dann fährt er fort: „Außerhalb jenes Gartens lagen die Dinge anders. Dort gab es nicht diese Ordnung und diesen Segen, und es bedurfte sehr der Berührung durch den Bevollmächtigten Gottes – Adam ... Aber in 1. Mose 1 entdecken wir, dass es kein perfektes Universum ist. Satan hatte zuvor rebelliert, war aus dem Himmel geworfen worden und hatte mit einem Teil der gefallenen Engel die Herrschaft über die Erde übernommen. Es ist also offensichtlich, warum der restliche Planet untertan gemacht werden musste – er stand unter dem Einfluss der Finsternis (1. Mose 1,2). Gott hätte den Teufel und seine Heerscharen mit einem Wort vernichten können, aber stattdessen beschloss er, die Finsternis durch eine von Ihm bevollmächtigte Instanz zu besiegen – jenen, die nach Seinem Bild geschaffen sind und Ihn aus freien Stücken lieben."

Später ergänzt er: „So beginnt die Liebesgeschichte von unserer Schöpfung ... geschaffen nach Seinem Bilde, zu einer innigen Beziehung, damit sich Herrschaft durch Liebe ausdrücke. Aus eben dieser Offenbarung heraus sollen wir lernen, als Seine Botschafter den ‚Fürst dieser Welt' zu besiegen. Die Voraussetzungen für den Sturz der Finsternis waren geschaffen, da der Mensch seinen göttlichen Einfluss über die Schöpfung ausübte. Aber stattdessen stürzte der Mensch." (Seite 35-36)

Nun beschreibt Johnson die Rolle des Teufels dabei: „Satan verschaffte sich nicht mit Gewalt Zutritt zum Garten Eden und ergriff auch nicht mit Gewalt Besitz von Adam und Eva. Das konnte er nicht! Warum? Weil er dort nicht herrschte. Herrschaft gibt Macht. Und da der Mensch die Schlüssel zur Herrschaft über den Planeten Erde besaß, musste sich der Teufel die Machtbefugnis von ihm holen. Mit seinem Vorschlag, von der verbotenen Frucht zu essen, versuchte er lediglich, Adam und Eva dazu zu bringen, sich mit ihm im Widerstand gegen Gott abzustimmen, um selbst mächtiger zu werden. Durch diese Einigkeit ist Satan in der Lage zu töten, zu stehlen und zu zerstören. Es ist wichtig zu erkennen, dass er seine Macht auch heute noch mit dem Einverständnis des Menschen ausübt." (S. 35-36)

Was sind nach Johnson die Folgen von all dem? „Als Adam von der verbotenen Frucht aß, büßte die Menschheit ihre Herrschaft ein. Paulus sagte: ‚Ihr seid Sklaven dessen, dem ihr gehorcht' (Römer 6,16). Dieser eine Akt machte den Menschen zum Sklaven und Besitztum des Bösen. Alles, was Adam besaß, einschließlich der Eigentumsurkunde für diesen Planeten und der damit verbundenen herrschaftlichen Position, wurde Teil seiner Beute. Sofort kam Gottes bereits gefasster Erlösungsplan ins Spiel: ‚Und ich werde Feindschaft setzen zwischen dir und der Frau, zwischen deinem Samen und ihrem Samen; er wird dir den Kopf zermalmen, und du, du wirst ihm die Ferse zermalmen' (1. Mose 3,15). Jesus würde kommen, um all das Verlorene wieder zurückzufordern." (S. 35-36)

Kommentar des Autors den Dominionismus betreffend: Wenn Jesus gestorben ist, um den Menschen die Herrschaft zurückzugeben, warum haben wir sie dann nicht? Wir haben die Vergebung der Sünden, oder etwa nicht? Unsere Strafe wurde stellvertretend für uns getragen. Wenn es Herrschaft war, die Jesus wiederhergestellt hat, dann sollten wir nichts dafür tun müssen, sie zu erlangen, sie wäre ebenso ein Geschenk der Gnade Gottes wie die Vergebung der Sünden aus Gnade, die durch den Glauben empfangen wird!

Dominionismus-Sichtweise bezüglich des Sühneopfers:
„Gottes Plan für die Herrschaft des Menschen lief weiter. Jesus trug die Strafe für dessen Sünde und eroberte das Verlorengegangene zurück. In Lukas 19,10 steht, dass Jesus kam, um ‚zu suchen und zu retten, was verloren ist'. Nicht nur war die Menschheit an die Sünde verloren, auch die Herrschaft über den Planeten Erde war ihr abhanden gekommen. Jesus kam, um beides zurückzugewinnen." (Seite 36-37)

Das zweite Kapitel „Der wiederhergestellte Auftrag" in *Und der Himmel bricht herein* ist ein Manifest des Dominionismus. Fast jeder einzelne Abschnitt vom Garten Eden bis zum Kreuz beschreibt Dominionismus.

„Wir sind derart im Unglauben verwurzelt, dass wir jede andere Weltanschauung, wie etwa die Vorstellung, dass die Gemeinde bis zur Wiederkunft einen beherrschenden Einfluss ausübt, als vom Teufel ansehen. Es scheint fast, als wollten wir das Recht verteidigen, eine kleine Anzahl Gläubiger zu sein, die sich mit Ach und Krach durchschlägt. Ein Glaubenssystem, welches keinen Glauben erfordert, ist gefährlich. Es steht im Widerspruch zur Natur Gottes und zur gesamten Schrift. Da Gott nach Epheser 3,20 ‚aber weit mehr zu tun vermag, als wir bitten oder verstehen, nach der Kraft, die in uns wirkt' (SLT), sind Seine Verheißungen naturgemäß eine große Herausforderung für unseren Intellekt und unsere Erwartungen. ‚(Jerusalem) hat (sein) Ende nicht bedacht; unversehens ist es gestürzt' (Klagelieder 1,9, SLT). Wir können es uns nicht leisten, Seine Verheißungen zu vergessen."[185] (Seite 41)

Kommentar des Autors zum letzten Zitat: Johnson scheint hier sagen zu wollen, dass wenn wir wie Jerusalem unsere „Bestimmung" vergessen, auch unser Sturz „entsetzlich" sein wird. Ich frage mich, woher Johnsons Übersetzung stammt. Ich habe alle englischen Bibelübersetzungen geprüft und in keiner wurde das Wort „destiny" (Bestimmung) verwendet. Das hebräische Wort *acharith* bedeutet „das Letzte oder Ende, also die Zukunft; auch Nachwelt: (letztes) Ende (Zeit), ... Überrest, Rückstand oder Lohn". Wenn man der NAR- und WDG-Bewegung einige Jahre folgt, dann wird man

---

185 Anmerkung des Übersetzers: Johnson zitiert Klagelieder 1,9 im englischen Original in einer englischen Übersetzung, die in Bezug auf Jerusalems Fall das Wort „destiny" benutzt („Schicksal", „Bestimmung"), was die Bedeutung deutlich verändert (mir ist keine andere englische Übersetzung geläufig, die hier mit „destiny" übersetzt).

feststellen, dass sie das Wort „Bestimmung" lieben. Sie sind darum bemüht, allen zu helfen, „in ihrer Bestimmung" zu leben, und für die NAR bedeutet „Bestimmung" zu herrschen, Gesundheit, Wohlstand und Erfolg zu haben. Ein siegreiches christliches Leben wurde historisch immer als Sieg über die Sünde verstanden, aber in der NAR bedeutet ein siegreiches christliches Leben, in seiner „Bestimmung" zu leben, d. h. gesund und erfolgreich zu sein.

„Die meisten Christen tun hinreichend Buße zur Vergebung, aber nicht genug, um das Reich Gottes zu sehen ... Buße ist unvollständig, solange sie nicht Sein Reich im Blick hat." (Seite 43)

Gnosis
„Unser Leben in der Fülle verbirgt sich also im Himmelreich. Und nur der Glaube kann auf dieses Konto zugreifen." (Seite 46)

Kingdom Now oder *Dominionismus*
„Das christliche Leben dient dem Ziel, welches das Vater-Unser mit den Worten ausdrückt: ,Dein Reich komme, dein Wille geschehe, wie im Himmel, so auch auf Erden' (Matthäus 6,10). Seine Herrschaft ist erreicht, wenn hier das Gleiche geschieht *wie im Himmel.*" (Seite 46)

„Während er (ein Mann mit Brandverletzungen) noch sprach, legte ich meine Hand auf seine Schulter und begann, für ihn zu beten. Ich musste es schnell tun. Mir war eingefallen, dass es im Reich Gottes keine Taubheit gibt, und ich wollte nicht noch mehr von seinen schwerwiegenden Problemen wissen." (Seite 50)

„Der unsichtbare Bereich ist dem natürlichen übergeordnet. Seine Wirklichkeit beherrscht die natürliche Welt, in der wir leben – sowohl im positiven als auch im negativen Sinne."

Wie sollen Christen mit Krankheit umgehen? Johnson behauptet: „Wenn ich zum Beispiel glaube, dass Gott zur Charakterbildung Krankheiten zulässt, werde ich in den meisten Situationen, in denen

Heilung vonnöten ist, nicht den Mut aufbringen, dafür zu beten. Aber wenn ich glaube, dass Krankheit für den Körper das ist, was Sünde für die Seele ist, dann wird mich kein Leiden einschüchtern. Glaube kann sich viel freier entfalten, wenn wir das Herz Gottes als wirklich gut ansehen." (Seite 54)

Weitere Aussagen zum Umgang mit Krankheiten: „Ich kann die Existenz eines Tumors anerkennen und dennoch an meine Heilung durch Seine Wunden glauben, denn vor 2000 Jahren wurde ich provisorisch geheilt. Diese Heilung ist ein Produkt des Himmelreichs – einer übergeordneten Wirklichkeit. Im Himmel gibt es keine Tumore, und der Glaube holt diese Realität zu uns herunter." (Seite 55)

„Würde Satan den Himmel gerne mit Krebs überziehen? Natürlich! Aber der liegt nicht in seinem Machtbereich. Und hier kann er nur herrschen, wo er die Zustimmung des Menschen findet." (Seite 56)

Werkgerechtigkeit

Immer wieder wird das Wirken Gottes in Zusammenhang mit unserer Leistung gestellt. So schreibt Johnson auf Seite 91: „Er schenkt uns Seine Feuertaufe, wenn wir Ihm etwas Lohnendes zu brennen geben."

„Diese Zufriedenheit, die Gottes Ziele nicht umsetzt, würde bedeuten, dass man lernen muss, mit dem Feind zu leben. Genauso verhält es sich, wenn ein Gläubiger im Heiligen Geist getauft ist, aber nie über das Zungenreden hinauskommt. Wenn uns das genügt und wir nicht auch Gottes endgültiges Ziel, die Herrschaft wollen, werden wir bald dazu übergehen, den Teufel in manchen Bereichen unseres Lebens zu tolerieren." (Seite 91)

„Zu unseren Dienstprivilegien gehört auch, dass wir lernen dürfen, wie man den Heiligen Geist an einem Ort freisetzt." (Seite 95)

„In der Salbung liegt die Wirkung. Sie ist die aktuelle Gegenwart des Heiligen Geistes, die im eigenen Umfeld freigesetzt werden kann." (Seite 96)

Besondere Offenbarung

„Niemand versteht die Schrift vollständig, aber wir haben alle den Heiligen Geist. Er ist unser gemeinsamer Nenner, der uns stets in alle Wahrheit führt. Aber um Ihm zu folgen, müssen wir bereit sein, die Grenzen der Landkarte, also das, was wir kennen, zu überschreiten. Dazu benötigen wir vor allem die Erkenntnis Seiner Gegenwart." (Seite 97)

„Nach Seiner Geistestaufe illustrierte Er (Jesus) diesen Lebensstil. Er ließ sich vom Geist führen, auch wenn es, was häufig vorkam, unvernünftig erschien." (Seite 97)

Kommentar des Autors über die Vorstellung, Jesus sei mit dem Heiligen Geist getauft worden: Wurde Jesus mit dem Heiligen Geist getauft? Nein, er ist die zweite Person der Gottheit und hat niemals aufgehört, der Sohn Gottes zu sein. Er war in Ewigkeit in perfekter Einheit mit der Gottheit verbunden. Daher musste er auch nicht mit dem Heiligen Geist getauft werden und benötigte vom Heiligen Geist auch keine Anweisung oder Erklärung darüber, wer der Vater ist.

Auf Seite 101 behauptet Johnson, dass 2. Mose 40,15 die Salbung mit dem Heiligen Geist beschreibe und dass dies die Qualifikation für den Priesterdienst im Alten Testament sei. Diese Bibelstelle handelt jedoch davon, wie die Söhne Aarons als Priester gesalbt und geweiht wurden. Die levitische Abstammung war die Qualifikation für das Priestertum, nicht eine Salbung des Heiligen Geistes. Die Söhne Aarons wurden mit Öl gesalbt und für die Arbeit als Priester geweiht. Johnson legt hier eine äußerst schlechte Exegese vor und offenbart völliges Unverständnis des Alten Testaments.

Johnson überbetont die Stellung des Heiligen Geistes innerhalb der Trinität: „In der Gottheit ist Er derart verehrt, dass Jesus sagte: ‚Und wer irgendein Wort reden wird wider den Sohn des Menschen, dem wird vergeben werden, wer aber irgend wider den Heiligen Geist reden wird, dem wird nicht vergeben werden, weder in diesem Zeitalter noch in dem zukünftigen.'" (Seite 101)

Diese Bibelstelle, die Johnson hier aufgreift, redet von der „Lästerung des Heiligen Geistes". Diese wurde über Jahrhunderte in der Kirchengeschichte als das beständige Verhärten des Herzens von Ungläubigen gegenüber dem Gnadenangebot Gottes verstanden. Diese Bibelstelle sagt nichs davon, dass der Heilige Geist die am meisten verehrte Person innerhalb der Gottheit ist.

Das Ablehnen einer charismatischen Frömmigkeitspraxis wird von Johnson als antichristlich bezeichnet: „Der antichristliche Geist hat ein Ziel mit der Gemeinde – Jesus ohne Salbung anzunehmen. Ohne die Salbung wird Er zu einer religiösen Gestalt, bei der man sicher sein kann, dass sie weder herausfordert noch ein Ärgernis ist." (Seite 108)

Die „Salbung" des Heiligen Geistes hat Johnson bewusst zu seinem zentralen Programm gemacht: „Mein Versprechen bedeutete, dass ich die Ausgießung des Heiligen Geistes mit allen Manifestationen Seiner Gaben zum einzigen Zweck meines Daseins machte. Und ich würde niemals von dieser Berufung abkommen – egal, was kommt! Er berührte mich und ich habe mich daran gehalten" (Seite 111). „Wenn wir in der Salbung dienen, dann vermitteln wir in Wirklichkeit die Gegenwart Gottes – wir geben Gott an andere weiter ... Er hat uns zu Verwaltern Seiner göttlichen Präsenz gemacht." (Seite 173)

Johnson stellt zu recht fest, dass Bibelkenntnis allein nicht reicht, wenn sie nicht in die Begegnung mit Gott führt. Daraus folgert er jedoch: „Jesus sagte nicht: ‚Meine Schafe kennen mein Buch.' Es ist seine *Stimme*, die wir kennen sollen" (Seite 106). Was soll diese falsche Entgegensetzung? Wie sollen Christen die Stimme ihres Erretters erkennen? Wenn wir sein Wort kennen, kennen wir seine Stimme. Jesus selbst sagte, dass die Schrift über ihn weissagt, und er betet in Johannes 17,17: „Heilige sie durch die Wahrheit! Dein Wort ist Wahrheit."

Für Johnson scheint es keine übergeordneten Gründe zu geben, die Bibel zu studieren und darüber zu meditieren, außer weil uns das helfen könnte, in Diskussionen überlegen zu sein. Die folgenden Verse dagegen nennen genügend Gründe dafür, die Bibel zu studieren, über sie zu meditieren und sie auswendig zu lernen:

Psalm 119,9
Wodurch hält ein Jüngling seinen Pfad rein? Indem er sich bewahrt nach deinem Wort. *(Um nach Reinheit zu streben.)*

Psalm 119,11
In meinem Herzen habe ich dein Wort verwahrt, damit ich nicht gegen dich sündige. *(Um der Sünde zu widerstehen.)*

Psalm 119,16
An deinen Satzungen habe ich meine Lust. Dein Wort vergesse ich nicht. *(Für unsere Freude am Herrn.)*

Psalm 119,28
Keinen Schlaf findet meine Seele vor Kummer. Richte mich auf nach deinem Wort! *(Um unsere Seelen zu stärken.)*

Psalm 119,67
Bevor ich gedemütigt wurde, irrte ich. Jetzt aber halte ich dein Wort. *(Um uns davor zu bewahren, vom rechten Weg abzuweichen, und um uns zu helfen, zum Herrn umzukehren, wenn wir es doch tun.)*

Psalm 119,81
Meine Seele verzehrt sich nach deinem Heil. Ich warte auf dein Wort. *(Für unsere Errettung und die anderer.)*

Psalm 119,105
Eine Leuchte für meinen Fuß ist dein Wort, ein Licht für meinen Pfad. *(Um geführt zu werden.)*

Psalm 119,169
Lass mein Schreien nahe vor dich kommen, HERR! Gib mir Einsicht nach deinem Wort! *(Um Einsicht zu erlangen.)*

Psalm 119,170
Lass vor dich kommen mein Flehen! Rette mich nach deiner Zusage! *(Um befreit zu werden.)*

Psalm 119,172
Meine Zunge soll dein Wort besingen. Denn alle deine Gebote sind Gerechtigkeit. *(Um seine Gerechtigkeit und seine Gebote zu kennen.)*

Johannes 2,22
Als er nun aus den Toten auferweckt war, gedachten seine Jünger daran, dass er dies gesagt hatte, und sie glaubten der Schrift und dem Wort, das Jesus gesprochen hatte. *(Um gestärkt zu werden und Glauben zu empfangen.)*

Johannes 5,39-40
Ihr erforscht die Schriften, denn ihr meint, in ihnen ewiges Leben zu haben, und sie sind es, die von mir zeugen; und ihr wollt nicht zu mir kommen, damit ihr Leben habt. *(Um Jesus zu kennen.)*

Johannes 17,17
Heilige sie durch die Wahrheit! Dein Wort ist Wahrheit. *(Für unsere Heiligung.)*

1. Timotheus 4,13 (NGÜ)
Widme dich bis zu meinem Kommen ganz dem Vorlesen der Heiligen Schrift, dem Ermutigen der Gläubigen und dem Lehren. *(Um ermutigt und gelehrt zu werden.)*

2. Timotheus 3,16

Alle Schrift ist von Gott eingegeben und nützlich zur Lehre, zur Überführung, zur Zurechtweisung, zur Unterweisung in der Gerechtigkeit. *(Für unsere Zurechtweisung und Gerechtigkeit.)*

Das sind nur einige Bibelstellen, die uns zeigen, wofür das Bibelstudium gut ist. Es scheint, dass Johnson mehr Wert auf Erfahrung als auf die Bibel legt. Im besten Fall sieht er die Bibel als Ergänzung zu diesen Erfahrungen an, im schlimmsten Fall lehrt er, dass das Wort Gottes ein Hindernis auf unserem geistlichen Weg ist. Dadurch schmälert er die Bedeutung des Wortes Gottes für unser Leben als Christen erheblich.

Für das, was man traditionell unter geistlichem Kampf verstand, hat Johnson wenig Verständnis: „Scheint es nicht seltsam, dass sich unser gesamtes christliches Leben darauf konzentrieren soll, etwas zu überwinden, was schon besiegt ist? Die Sünde und ihre Natur wurden samt ihren Wurzeln ausgerissen" (S. 138). Das hört sich doch sehr danach an, dass er meint, wir hätten keine Sündennatur mehr, was eine Irrlehre ist, die man Pelagianismus nennt (siehe dazu Anhang III – Irrlehren). Können Christen auf der Erde tatsächlich schon sündlos und vollkommen sein? Die Antwort ist ein deutliches Nein!

Auf den Seiten 162-163 behauptet Johnson, dass Wunder zentral sind für Christen: „Ohne Wunder kann es *nie* (eigene Hervorhebung) eine vollständige Offenbarung Jesu geben ...Wunder sorgen dafür, dass Gnade zur Buße vorhanden ist ... Ohne die Machtbezeugungen Gottes war die Botschaft nicht vollständig. Sie sind das Amen Gottes zu Seiner eigenen Wortverkündigung." Von diesen und anderen Aussagen dieses Buches her betrachtet scheint Johnson zu glauben, dass die Botschaft unvollständig sei, wenn bei der Evangeliumsverkündigung keine Wunder geschehen.

Etwas später sagt Johnson, dass Menschen, welche Gott mittels Bibelstudium erkennen wollen, aber nicht mittels Zeichen und

Wunder, verblendet seien: „Mit unserem jetzigen Bibelverständnis sind wir so weit gekommen, wie wir können. Jetzt ist es an der Zeit, dass die Zeichen und Wunder ihren Platz einnehmen." (Seite 166)

Die Gegenwart des Himmels auf der Erde ist für ihn zentral: „Uns in den Himmel zu bekommen ist nicht annähernd so herausfordernd, wie den Himmel in uns hinein zu bekommen" (Seite 175). Ab Seite 177 beschreibt Johnson „Tor-Gemeinden", welche das himmlische Reich einer ganzen Stadt „verwalten". Seine Frau Beni spricht in ihren Schriften auch über „Nahtstellen", an denen die Entfernung zwischen Himmel und Erde besonders dünn ist und der Himmel auf greifbare Art in die natürliche Welt hereinbricht. Diese „Nahtstellen" schließen Redding in Kalifornien, Toronto, Lakeland in Florida und Kansas City in Missouri natürlich mit ein. Auf Seite 179 schreibt er: „Ich komme als *Haus Gottes* und besitze als solches in mir ein Tor zum Himmel mit einer Leiter und Engeln, die je nach Bedarf handeln wollen. *Ich bin* schlicht gesagt ein *offener Himmel!*"

Ab Seite 240 beschreibt er seine Vision von Erweckungen, die aus dem Bereich der NAR hervorgehen: „Die Taten der jetzigen und zukünftigen Erweckung werden die gesamten historischen Errungenschaften der Gemeinde übertreffen. Über eine Milliarde Seelen werden Errettung finden. Tagelang werden die Stadien rund um die Uhr voller Menschen sein, begleitet von zahllosen Wundern: Heilungen, Bekehrungen, Totenerweckungen und Befreiungen – so viele, dass man sie nicht zählen kann. Ohne die Anwesenheit eines ausgesuchten Redners oder eines bekannten Wundertäters, nur die Gemeinde, die einfach ist, wozu sie Gott berufen hat. Und all das wird aus der *Einheit des Glaubens* erwachsen." „Man wird die bevorstehende Zunahme der Christusoffenbarung an den neuen Dimensionen der Anbetung messen können – den gemeinsamen Thronsaalerfahrungen." (Seite 241)

Neues Denken, neue Vollmacht[186]

Auch in diesem Buch verteidigt Johnson seine Position, dass Heilungen genauso präsent im Leben des Christen sein sollen wie seine Errettung: „Christen sind verantwortlich dafür, den Menschen göttliche Heilung zu bringen, indem sie ‚den Willen Gottes demonstrieren' und die irdische Wirklichkeit mit der Realität des Himmels gleichschalten. Heilung ist ein Teil des normalen Christenlebens. Gott gab ihr einen Platz in seinem Buch; er veranschaulichte sie im Leben von Jesus. Er sagte uns, dass wir dem nacheifern sollen, was Jesus tat. Warum fällt es uns dann so leicht, völlig davon überzeugt zu sein, dass unser Gebet für Errettung funktionieren wird, während wir dagegen Schwierigkeiten haben, an den Erfolg eines Heilungsgebets zu glauben? Weil Errettung, die zur Erfahrung der Wiedergeburt dazugehört, angenommen und von der Kirche seit Jahrhunderten unaufhörlich gelehrt worden ist, während die Offenbarung der Heilung weitgehend nicht angenommen und sogar bekämpft wurde. Wenn man heute für Menschen um Heilung betet, wird man in vielen Gemeinden angesehen, als ob man unter dem Einfluss des Teufels arbeitet, während Krankheit als ein Geschenk von Gott betrachtet wird, das Menschen zu besseren Christen macht! Denk einmal darüber nach, wie rückfällig die Kirche geworden sein muss, um solche Lügen zu glauben! Wir haben die Täuschung geduldet, die Gott anklagt, dass er Übles tut; deswegen bleibt Heilung heute so umstritten, wird so wenig praktiziert und so selten verstanden." (Seite 101f.)

---

186 Bill Johnson, *Neues Denken, neue Vollmacht: wie man zu einem Leben voller Wunder kommt*, 2009, Vaihingen/Enz: Grain-Press

Anhang III:
Irrlehren

Die folgenden Bibelstellen beschreiben, wie wir mit Häresie (Irrlehre) umgehen sollen. Sie liefern uns die Grundlage dafür, Irrlehren zu benennen und aufzudecken.

1. Timotheus 4,1-2
2. Timotheus 4,3-5
2. Timotheus 3,12

„Der Begriff ‚Irrlehre' oder ‚Häresie' bezieht sich auf eine falsche Lehre, also auf eine Lehre, die einfach nicht der Wahrheit entspricht und die dabei so wichtig ist, dass diejenigen, die sie glauben, als Menschen anzusehen sind, die den Glauben verlassen haben."[187]

Die NAR-, DW- und WDG-Bewegungen fördern folgende theologische Irrlehren:

Modalismus: Gott nimmt in verschiedenen Zeitaltern verschiedene Formen an. Laut vieler WDG-, NAR- und DW-Lehrer leben wir nun im Zeitalter des Geistes.

Gnosis: Eine Mischung aus Selbst-Anbetung und Philosophie. Hier werden vermeintliche geheime Erkenntnisse in Bezug auf den

---

187 Brown, Harold O. J., *Heresies: The Image of Christ in the Mirror of Heresy and Orthodoxy from the Apostles to the Present* (Garden City: Doubleday, 1984), S. 1

Glauben überbewertet. „Die gnostische Position behauptet, dass es neben dem einfachen Evangelium, was alles ist, was die einfachen Geister verstehen können, eine höhere, geheime Erkenntnis gibt, die einer Elite vorbehalten ist. Es ist ganz natürlich, dass Menschen mehr Fragen stellen, als das Evangelium beantwortet; die gnostische Bewegung versuchte, hierauf Antworten zu geben, indem sie sich nichtchristlicher religiöser Quellen bediente und sie mit Elementen des christlichen Glaubens verschmolz."[188]

Doketismus: Christus war nicht wahrer Mensch, er hatte nur einen Scheinleib oder „schien nur Mensch zu sein".

Außerbiblische Offenbarung: Offenbarungen, die nicht aus Gottes Wort stammen und darüber hinaus gehen oder im Gegensatz dazu stehen.

Adoptionismus: Jesus wurde Gott, nachdem er „mit dem Heiligen Geist erfüllt bzw. getauft wurde".

Arianismus: Lehrt, dass Jesus nicht göttlich war, sondern nach seiner Taufe göttlich wurde. Wird von Bill Johnson, Bethel und anderen Wort-des-Glaubens-Lehrern gelehrt.

Sühneopferlehre: Problematische Sichtweise, dass Jesus nicht nur für unsere Sünden gestorben ist, sondern in gleicher Weise für unsere Gesundheit, unseren Wohlstand und Erfolg.

Psilanthropismus: Lehnt die Göttlichkeit Jesu ab, entweder indem gesagt wird, dass er nie göttlich wurde, er nie göttlich war oder dass er nicht präexistent war.

---

188 Ebd. S. 39

Antinomianismus: Lehrt, dass wir durch die Gnade davon befreit sind, einem moralischen Gesetz folgen zu müssen. Dies tritt heute häufig so in Erscheinung, dass niemals über Sünde geredet wird oder von moralischen Geboten (z. B. Joyce Meyer, Joel Osteen).

Dominionismus: Adam und Eva verloren die Herrschaft über die Erde an Satan. Der auferstandene Christus hat die Gemeinde damit beauftragt, die Herrschaft über die gesamte Erde zurückzugewinnen. Christus kann oder will erst wiederkommen, wenn die Gemeinde das Ziel erreicht hat, die Herrschaft über die ganze Erde zurückzuerobern.

Pelagianismus: Wurde von dem britischen Mönch Pelagius entwickelt, der lehrte, dass die Menschheit nicht von Ursünde verdorben sei. Er lehrte, dass der menschliche Wille auch ohne göttliches Eingreifen in der Lage sei, das Gute zu wählen. Die Lehre besagt heute, dass Menschen sich ihre Errettung durch eigene Anstrengung verdienen können.

Internetseiten zu Irrlehren:
John Piper über das Wohlstandsevangelium:
https://www.youtube.com/watch?v=G-V_91c5ojU
Matt Chandler über das Wohlstandsevangelium:
https://www.youtube.com/watch?v=w3oFFZQqKdc

Liste christlicher Irrlehren:
https://en.wikipedia.org/wiki/List_of_Christian_heresies
https://de.wikipedia.org/wiki/Liste_der_christlichen_Häresien
Irrlehren-Warnung bezüglich Bill Johnson und Jesus Culture:
https://shepherdguardian.wordpress.com/2013/09/05/heresy-alert-bill-johnson-jesus-culture-and-bethel-church/

Anhang IV:
Bibelstellen

„Denn wir sollen nicht mehr Unmündige sein, hin- und hergeworfen und umhergetrieben von jedem Wind der Lehre durch die Betrügerei der Menschen, durch ihre Verschlagenheit zu listig ersonnenem Irrtum." – *Eph 4,14*

„Dieses Gebot vertraue ich dir an, mein Kind Timotheus, nach den vorangegangenen Weissagungen über dich, damit du durch sie den guten Kampf kämpfst, indem du den Glauben bewahrst und ein gutes Gewissen, das einige von sich gestoßen und so im Hinblick auf den Glauben Schiffbruch erlitten haben; unter ihnen sind Hymenäus und Alexander, die ich dem Satan übergeben habe, damit sie zurechtgewiesen werden, nicht zu lästern." – *1Tim 1,18-20*

„Die unheiligen, leeren Geschwätze aber vermeide! Denn sie werden zu weiterer Gottlosigkeit fortschreiten, und ihr Wort wird um sich fressen wie Krebs. Dazu gehören Hymenäus und Philetus, die von der Wahrheit abgeirrt sind, indem sie sagen, dass die Auferstehung schon geschehen sei, und den Glauben mancher zerstören." – *2Tim 2,16-18*

„Denn es gibt viele Aufsässige, hohle Schwätzer und Betrüger, besonders die aus der Beschneidung, denen man den Mund stopfen muss, die ganze Häuser umkehren, indem sie um schändlichen Gewinnes willen lehren, was sich nicht geziemt." – *Tit 1,10-11*

„Lasst euch nicht fortreißen durch verschiedenartige und fremde Lehren! Denn es ist gut, dass das Herz durch Gnade gefestigt wird, nicht durch Speisen, von denen die keinen Nutzen hatten, die danach wandelten." – *Hebr 13,9*

„Da ihr, Geliebte, es nun vorher wisst, so hütet euch, dass ihr nicht durch den Irrwahn der Ruchlosen mit fortgerissen werdet und aus eurer eigenen Festigkeit fallt!" – *2Petr 3,17*

„Ich ermahne euch aber, Brüder, dass ihr achthabt auf die, welche entgegen der Lehre, die ihr gelernt habt, Zwistigkeiten und Ärgernisse anrichten, und wendet euch von ihnen ab! Denn solche dienen nicht unserem Herrn Christus, sondern ihrem eigenen Bauch, und durch süße Worte und schöne Reden verführen sie die Herzen der Arglosen." – *Röm 16,17-18*

„So wie ich dich bat, als ich nach Mazedonien abreiste, in Ephesus zu bleiben, damit du einigen Weisung erteilen solltest, nichts anderes zu lehren noch mit Fabeln und endlosen Geschlechtsregistern sich abzugeben, die mehr Streitfragen hervorbringen, als sie den Verwalterdienst Gottes fördern, der im Glauben geschieht." – *1Tim 1,3-4*

„Wenn aber auch wir oder ein Engel aus dem Himmel euch etwas als Evangelium entgegen dem verkündigten, was wir euch als Evangelium verkündigt haben: Er sei verflucht! Wie wir früher gesagt haben, so sage ich auch jetzt wieder: Wenn jemand euch etwas als Evangelium verkündigt entgegen dem, was ihr empfangen habt: Er sei verflucht!" – *Gal 1,8-9*

„Es waren aber auch falsche Propheten unter dem Volk, wie auch unter euch falsche Lehrer sein werden, die Verderben bringende Parteiungen heimlich einführen werden, indem sie auch den Gebieter, der sie erkauft hat, verleugnen. Die ziehen sich selbst schnelles Verderben zu. Und viele werden ihren Ausschweifungen nachfolgen, um derentwillen der Weg der Wahrheit verlästert werden wird. Und aus Habsucht werden sie euch mit betrügerischen Worten kaufen; denen das Gericht seit langem schon nicht zögert, und ihr Verderben schlummert nicht." – *2Petr 2,1-3*

„Wenn jemand anders lehrt und sich nicht zuwendet den gesunden Worten unseres Herrn Jesus Christus und der Lehre, die gemäß der Gottseligkeit ist, so ist er aufgeblasen und weiß nichts, sondern ist krank an Streitfragen und Wortgezänken. Aus ihnen entstehen: Neid, Streit, Lästerungen, böse Verdächtigungen, ständige Zänkereien von Menschen, die in der Gesinnung verdorben und der Wahrheit beraubt sind und meinen, die Gottseligkeit sei ein Mittel zum Gewinn. Die Gottseligkeit mit Genügsamkeit aber ist ein großer Gewinn; denn wir haben nichts in die Welt hereingebracht, so dass wir auch nichts hinausbringen können. Wenn wir aber Nahrung und Kleidung haben, so wollen wir uns daran genügen lassen. Die aber reich werden wollen, fallen in Versuchung und Fallstrick und in viele unvernünftige und schädliche Begierden, welche die Menschen in Verderben und Untergang versenken. Denn eine Wurzel alles Bösen ist die Geldliebe, nach der einige getrachtet haben und von dem Glauben abgeirrt sind und sich selbst mit vielen Schmerzen durchbohrt haben." – *1Tim 6,3-10*

Zunahme falscher Lehren in der Christenheit

„Denn es wird eine Zeit sein, da sie die gesunde Lehre nicht ertragen, sondern nach ihren eigenen Begierden sich selbst Lehrer aufhäufen werden, weil es ihnen in den Ohren kitzelt; und sie werden die Ohren von der Wahrheit abkehren und sich zu den Fabeln hinwenden. Du aber sei nüchtern in allem, ertrage Leid, tu das Werk eines Evangelisten, vollbringe deinen Dienst!" – *2Tim 4,3-5*

Wie man falsche Lehrer erkennt
„Und wenn sie zu euch sagen: Befragt die Totengeister und die Wahrsagegeister, die da flüstern und murmeln!, so antwortet: Soll nicht ein Volk seinen Gott befragen? Soll es etwa für die Lebenden die Toten befragen? Hin zur Weisung und zur Offenbarung! Wenn sie nicht nach diesem Wort sprechen, dann gibt es für sie keine Morgenröte." – *Jes 8,19-20*

„Hütet euch vor den falschen Propheten, die in Schafskleidern zu euch kommen! Inwendig aber sind sie reißende Wölfe. An ihren Früchten werdet ihr sie erkennen. Liest man etwa von Dornen Trauben oder von Disteln Feigen? So bringt jeder gute Baum gute Früchte, aber der faule Baum bringt schlechte Früchte. Ein guter Baum kann nicht schlechte Früchte bringen, noch kann ein fauler Baum gute Früchte bringen. Jeder Baum, der nicht gute Frucht bringt, wird abgehauen und ins Feuer geworfen. Deshalb, an ihren Früchten werdet ihr sie erkennen. Nicht jeder, der zu mir sagt: Herr, Herr!, wird in das Reich der Himmel hineinkommen, sondern wer den Willen meines Vaters tut, der in den Himmeln ist. Viele werden an jenem Tage zu mir sagen: Herr, Herr! Haben wir nicht durch deinen Namen geweissagt und durch deinen Namen Dämonen ausgetrieben und durch deinen Namen viele Wunderwerke getan? Und dann werde ich ihnen bekennen: Ich habe euch niemals gekannt. Weicht von mir, ihr Übeltäter!" – *Mt 7,15-23*

„Kinder, es ist die letzte Stunde, und wie ihr gehört habt, dass der Antichrist kommt, so sind auch jetzt viele Antichristen aufgetreten; daher wissen wir, dass es die letzte Stunde ist. Von uns sind sie ausgegangen, aber sie waren nicht von uns; denn wenn sie von uns gewesen wären, würden sie wohl bei uns geblieben sein; aber sie blieben nicht, damit sie offenbar würden, dass sie alle nicht von uns sind. Und ihr habt die Salbung von dem Heiligen und habt alle das Wissen. Ich habe euch nicht geschrieben, weil ihr die Wahrheit nicht kennt, sondern weil ihr sie kennt und wisst, dass keine Lüge aus der Wahrheit ist. Wer ist der Lügner, wenn nicht der, der leugnet, dass Jesus der Christus ist? Der ist der Antichrist, der den Vater und den Sohn leugnet. Jeder, der den Sohn leugnet, hat auch den Vater nicht; wer den Sohn bekennt, hat auch den Vater." – *1Jo 2,18-23*

„Die Frucht des Geistes aber ist: Liebe, Freude, Friede, Langmut, Freundlichkeit, Güte, Treue, Sanftmut, Enthaltsamkeit. Gegen diese ist das Gesetz nicht gerichtet. Die aber dem Christus Jesus angehören, haben das Fleisch samt den Leidenschaften und Begierden gekreuzigt. Wenn wir durch den Geist leben, so lasst uns durch den Geist wandeln! Lasst uns nicht nach eitler Ehre trachten, indem wir einander herausfordern, einander beneiden!" – *Gal 5,22-26*

Können wir über Irrlehrer urteilen und sie entlarven?

„So wie ich dich bat, als ich nach Mazedonien abreiste, in Ephesus zu bleiben, damit du einigen Weisung erteilen solltest, nichts anderes zu lehren noch mit Fabeln und endlosen Geschlechtsregistern sich abzugeben, die mehr Streitfragen hervorbringen, als sie den Verwalterdienst Gottes fördern, der im Glauben geschieht. Das Endziel der Weisung aber ist Liebe aus reinem Herzen und gutem Gewissen und ungeheucheltem Glauben. Davon sind einige abgeirrt und haben sich leerem Geschwätz zugewandt." – *1Tim 1,3-6*

„Und habt nichts gemein mit den unfruchtbaren Werken der Finsternis, sondern stellt sie vielmehr bloß!" – *Eph 5,11*

„Dieses Gebot vertraue ich dir an, mein Kind Timotheus, nach den vorangegangenen Weissagungen über dich, damit du durch sie den guten Kampf kämpfst, indem du den Glauben bewahrst und ein gutes Gewissen, das einige von sich gestoßen und so im Hinblick auf den Glauben Schiffbruch erlitten haben; unter ihnen sind Hymenäus und Alexander, die ich dem Satan übergeben habe, damit sie zurechtgewiesen werden, nicht zu lästern." – *1 Tim 1,18-20*

Nimm dich in Acht vor falscher Lehre

„Ich wundere mich, dass ihr euch so schnell von dem, der euch durch die Gnade Christi berufen hat, abwendet zu einem anderen Evangelium, wo es doch kein anderes gibt; einige verwirren euch nur und wollen das Evangelium des Christus umkehren. Wenn aber auch wir oder ein Engel aus dem Himmel euch etwas als Evangelium entgegen dem verkündigten, was wir euch als Evangelium verkündigt haben: Er sei verflucht! Wie wir früher gesagt haben, so sage ich auch jetzt wieder: Wenn jemand euch etwas als Evangelium verkündigt entgegen dem, was ihr empfangen habt: Er sei verflucht!" – *Gal 1,6-9*

„Jeder, der weitergeht und nicht in der Lehre des Christus bleibt, hat Gott nicht; wer in der Lehre bleibt, der hat sowohl den Vater als auch den Sohn. Wenn jemand zu euch kommt und diese Lehre nicht bringt, so nehmt ihn nicht ins Haus auf und grüßt ihn nicht! Denn wer ihn grüßt, nimmt teil an seinen bösen Werken." – *2Jo 1,9-11*

„Ich ermahne euch aber, Brüder, dass ihr achthabt auf die, welche entgegen der Lehre, die ihr gelernt habt, Zwistigkeiten und Ärgernisse anrichten, und wendet euch von ihnen ab! Denn solche dienen nicht unserem Herrn Christus, sondern ihrem eigenen Bauch, und durch süße Worte und schöne Reden verführen sie die Herzen der Arglosen." – *Röm 16,17-18*

„Seht zu, dass niemand euch einfange durch die Philosophie und leeren Betrug nach der Überlieferung der Menschen, nach den Elementen der Welt und nicht Christus gemäß! Denn in ihm wohnt die ganze Fülle der Gottheit leibhaftig;" – *Kol 2,8-9*

Warnung, der Schrift etwas hinzuzufügen, wegzunehmen oder sie zu verdrehen

„Ich bezeuge jedem, der die Worte der Weissagung dieses Buches hört: Wenn jemand etwas zu diesen Dingen hinzufügt, so wird Gott ihm die Plagen hinzufügen, die in diesem Buch geschrieben sind; und wenn jemand etwas von den Worten des Buches dieser Weissagung wegnimmt, so wird Gott seinen Teil wegnehmen von dem Baum des Lebens und aus der heiligen Stadt, von denen in diesem Buch geschrieben ist." – *Offb 22,18-19*

Prüfe die Geister anhand der Bibel

„Geliebte, glaubt nicht jedem Geist, sondern prüft die Geister, ob sie aus Gott sind! Denn viele falsche Propheten sind in die Welt hinausgegangen. Hieran erkennt ihr den Geist Gottes: Jeder Geist, der Jesus Christus, im Fleisch gekommen, bekennt, ist aus Gott; und jeder Geist, der nicht Jesus bekennt, ist nicht aus Gott; und dies ist der Geist des Antichrists, von dem ihr gehört habt, dass er komme, und jetzt ist er schon in der Welt. Ihr seid aus Gott, Kinder, und habt sie überwunden, weil der, welcher in euch ist, größer ist als der, welcher in der Welt ist. Sie sind aus der Welt, deswegen reden sie aus dem Geist der Welt, und die Welt hört sie. Wir sind aus Gott; wer Gott erkennt, hört uns; wer nicht aus Gott ist, hört uns nicht. Hieraus erkennen wir den Geist der Wahrheit und den Geist des Irrtums." – *1Jo 4,1-6*

„Prüft aber alles, das Gute haltet fest!" – *1Thes 5,21*

„Alle Schrift ist von Gott eingegeben und nützlich zur Lehre, zur Überführung, zur Zurechtweisung, zur Unterweisung in der Gerechtigkeit, damit der Mensch Gottes richtig sei, für jedes gute Werk ausgerüstet." – *2Tim 3,16-17*

Uns wird geboten, falsche Lehrer zurechtzuweisen

„Predige das Wort, stehe bereit zu gelegener und ungelegener Zeit; überführe, weise zurecht, ermahne mit aller Langmut und Lehre!" – *2Tim 4,2*

„Törichte Streitfragen aber und Geschlechtsregister und Zänkereien und gesetzliche Streitigkeiten vermeide! Denn sie sind unnütz und wertlos. Einen sektiererischen Menschen weise nach einer ein- und zweimaligen Zurechtweisung ab, da du weißt, dass ein solcher verkehrt ist und sündigt und durch sich selbst verurteilt ist!" – *Tit 3,9-11*

Weitere Warnungen vor Irrlehre

„Denn wir sollen nicht mehr Unmündige sein, hin- und hergeworfen und umhergetrieben von jedem Wind der Lehre durch die Betrügerei der Menschen, durch ihre Verschlagenheit zu listig ersonnenem Irrtum. Lasst uns aber die Wahrheit reden in Liebe und in allem hinwachsen zu ihm, der das Haupt ist, Christus." – *Eph 4,14-15*

„Denn gewisse Menschen haben sich heimlich eingeschlichen, die längst zu diesem Gericht vorher aufgezeichnet sind, Gottlose, welche die Gnade unseres Gottes in Ausschweifung verkehren und den alleinigen Gebieter und unseren Herrn Jesus Christus verleugnen." – *Jud 1,4*

Falsche Lehrer mögen wie Christen aussehen, gute Taten und mächtige Wunder vollbringen, aber auch Satan verstellt sich

„Denn solche sind falsche Apostel, betrügerische Arbeiter, die die Gestalt von Aposteln Christi annehmen. Und kein Wunder, denn der Satan selbst nimmt die Gestalt eines Engels des Lichts an; es ist daher nichts Großes, wenn auch seine Diener die Gestalt von Dienern der Gerechtigkeit annehmen; und ihr Ende wird ihren Werken entsprechen." – *2Kor 11,13-15*

„Die eine Form der Gottseligkeit haben, deren Kraft aber verleugnen. Und von diesen wende dich weg!" – *2Tim 3,5*

„Ihr seid aus dem Vater, dem Teufel, und die Begierden eures Vaters wollt ihr tun. Jener war ein Menschenmörder von Anfang an und stand nicht in der Wahrheit, weil keine Wahrheit in ihm ist. Wenn er die Lüge redet, so redet er aus seinem Eigenen, denn er ist ein Lügner und der Vater derselben." – *Joh 8,44*

Über den Autor

Richard P. Moore ist bei *TeachBeyond* in Deutschland angestellt, einem gemeinnützigen christlichen Bildungswerk, und arbeitet dort im Bereich Theologie und Innovation. Er lebt seit einigen Jahren mit seiner Familie in Deutschland. Richard arbeitete mehr als 20 Jahre lang als Jugendpastor in verschiedenen Gemeinden in den USA. Er ist Absolvent der *Columbia International University* in Columbia, South Carolina (1998), und erwarb einen Bachelor of Science im Bereich Bibel und Jugendarbeit. Richard erwarb später noch einen Master-Abschluss im Bereich Leiterschaft, Evangelisation und Jüngerschaft (2004, *Columbia International University*). Momentan arbeitet Richard an seiner Doktorarbeit am *American Baptist Seminary of the West* in Berkley, Kalifornien (in Zusammenarbeit mit der *Bakke Graduate University* in Seattle). Er ist mit Simone Müller-Moore verheiratet. Sie haben drei Kinder: Ana, Lydia und Caleb. Richard treibt gerne Sport, genießt Abenteuer mit seiner Familie und schaut sich gerne mit ihnen Filme und Fernsehsendungen an. Richard ist auch aktiv an Gemeindeentwicklung und Gemeindegründung in Deutschland beteiligt. Er wünscht sich, eine wachsende Zahl junger Menschen zu sehen, die Jesus kennenlernen, anbeten und ihm aus echter Überzeugung gehorchen und nachfolgen.

Rebecca McLaughlin
Das neue Credo
Fünf säkulare Glaubenssätze im Test

Die Autorin geht Botschaften unserer heutigen Zeit nach und zeigt, dass diese ein säkulares Glaubensbekenntnis sind. Sie hilft Christen zu unterscheiden, welche Überzeugungen zu bejahen und welche abzulehnen sind. Sie lädt uns zum Gespräch mit unseren Nachbarn ein, um auf die Liebe Gottes hinzuweisen, die das wahre Fundament für Vielfalt und Gerechtigkeit ist.

Die fünf Glaubenssätze: „Black Lives Matter", „Liebe ist Liebe", „Die Schwulenbewegung ist die neue Bürgerrechtsbewegung", „Frauenrechte sind Menschenrechte", „Transfrauen sind Frauen".

Pb., 192 S., 13,5 × 20,5 cm
Best.-Nr. 271822
ISBN 978-3-86353-822-4

Don Kistler (Hg.)
Allein die Schrift
... warum eigentlich?

Sola Scriptura = Allein die Schrift, das Grundprinzip der protestantischen Reformation, ist wichtig, um echtes Christentum hervorzubringen, denn es stellt klar, dass die Bibel das inspirierte Wort Gottes ist, die einzige vertretbare Regel des Glaubens und der kirchlichen Praxis. Doch gegen diese Lehre wird heute Sturm gelaufen wie nie zuvor, sowohl von außen als auch innerhalb der Kirche.

In diesem Buch entfalten führende reformierte Pastoren und Gelehrte die Bedeutung der Lehre von *Sola Scriptura.* Sie erklären auch, woher die Angriffe auf die Bibel kommen, und zeigen, wie diejenigen, die die Bibel als Gottes Wort akzeptieren, darauf reagieren sollten.

Gb., 176 S., 13,5 × 20,5 cm
Best.-Nr. 271491
ISBN 978-3-86353-491-2

Hartmut Jaeger / Michael Kotsch (Hg.)
#Go(o)d News
Die Bibel ist Gottes Wort

Dieses Buch räumt auf mit Vorurteilen,
die immer wieder gegen die Bibel er-
hoben werden. Es zeigt darüber hinaus
anschaulich, kurz und punktgenau, wie
wert- und wirkungsvoll sie bis heute ist,
für Menschen persönlich, aber auch für
unsere Gesellschaft und Welt.

Pb., 128 S., 12 × 18,7 cm
Best.-Nr. 271640
ISBN 978-3-86353-640-4

John Lennox
Vorher bestimmt?
Die Souveränität Gottes,
Freiheit, Glaube und
menschliche Verantwortung

Sind wir frei – oder bestimmt Gott
alles im Voraus? Eine kontroverse
Frage unter Christen. Doch häufig
ersetzen Schlagworte wie Prädestina-
tion und Determinismus eine gründliche Bibelexegese. Der Autor
setzt sich respektvoll-kritisch mit aktuellen Positionen auseinander,
um dann wesentliche Bibeltexte zu diskutieren. Er hält bewusst an
der völligen Souveränität Gottes fest, betont aber auch die gottgege-
bene menschliche Verantwortung. Das Ergebnis ist ermutigend: Ein
Christ kann sich seines Heils gewiss sein, aus einem ganz bestimmten Grund ...

Gb., 400 S., 13,5 × 20,5 cm
Best.-Nr. 271616
ISBN 978-3-86353-616-9